*FOLLOWING THE RIVER*

# 주님의 임재의 강으로 뛰어들라

## FOLLOWING THE RIVER

회중 예배를 위한 비전

우리가 경험할 수 있는
**최고의 예배를 찾아서**

*Bob Sorge*

**밥 소르기**

『주님의 임재의 강으로 뛰어들라』는 우리가 잘 안다고 생각했지만 이제 막 발견하기 시작한 예배의 실용적인 조언과 영적 통찰력이 어우러진 보기 드문 책입니다. 지난 30년간 교회에 "예배 혁명"이 일어났지만, 여전히 우리는 메마르고 무미건조한 찬양에서 우리를 구해줄 예배의 강이 필요합니다. 이 책은 강단이든 회중석이든 안전지대를 넘어 예배의 강으로 나아가도록 도전할 것입니다.

**마르코 바리엔토스** 현대 시편가

하나님이 내 사랑하는 친구 밥 소르기에게 그리스도의 임재를 향한 열렬한 갈망을 불러일으키는 예배에 꼭 필요한 급진적인 변화의 말씀을 주셨습니다. 성령님께 온전히 굴복하고 주님의 인도하심에 순종하는 여러분, 이 시의적절한 책에 잘 설명된 원칙을 적용하기 위한 대가를 치르시겠습니까? 하나님의 마음이 담긴 이 "지금" 메시지를 알리는 데 동참합시다!

**조이 도슨** 국제 성경 교사 겸 작가

저자는 다시 한번 우리가 진정한 영성으로 포장된 얕은 경험에 만족하지 않고 예배 생활을 점검하여 하나님 안에서 누릴 수 있는 모든 것을 누리는 깊은 강으로 용감하게 뛰어들도록 초대합니다. 주님은 이 도전적인 책으로 여러분의 마음에 충격을 주고 영향을 끼치실 것입니다. 그리고 또 한 가지, 주님의 임재를 갈망하는 다윗의 마음을 품은 세대를 계속 일으켜 세우실 것을 믿습니다!

**로버트 스턴스** 이글스 윙스 미니스트리대표

저자의 글은 수천 명의 예배 인도자를 축복하고 새로운 이해와 경험의 깊이로 이끌 것입니다. 참된 예배를 더욱 깊고 넓게 경험하고 싶은 분들에게 『주님의 임재의 강으로 뛰어들라』를 추천합니다.

**로버트 웨버** 노던 대학교 교수

밥은 모든 예배자를 하나님과 함께하는 더 깊은 삶의 경험으로 초대합니다. 저자의 정직함은 저에게 예배 인도자의 확신을 심어주었을 뿐만 아니라, 이전보다 더 많은 위험을 감수하고라도 탐험해야 할 더 깊은 예배의 바다가 있다는 확신과 도전을 주었습니다!

**리타 스프링어** 현대 시편가

모든 예배 인도자가 예배에서 하나님의 임재가 어떻게 역사하고 흘러가는지 이해하기 위해 이 책을 반드시 읽어야 합니다. 『주님의 임재의 강으로 뛰어들라』는 예배의 심오한 내용을 실제적으로 이해하도록 도와줍니다.

**클라우스 쿤** 퓨어 워십 미니스트리 대표

이 책은 하나님의 임재의 강을 따라 흘러가는 것에 관한 두려움에서 여러분을 해방할 것입니다. 특히 5장과 8장의 내용은 정말 탁월하고 훌륭합니다. 이 책은 친밀한 예배를 향한 갈망을 불러일으키는 균형 잡힌 책입니다.

**모리스 채프먼** 현대 시편가

# CONTENTS

# 목 차

| 일 러 두 기 |

– 원서는 성경을 인용할 때 뉴 킹제임스 성경을 사용했으며, 이 책에서는 한글
성경 개역 개정판을 기준으로 필요에 따라 다양한 한글 역본을 사용 후 표기하
였습니다.

– 원서는 북미 지역의 문화를 기반으로 하기 때문에 내용 중 일부가 한국 독자
에게 생소할 수 있습니다.

주 님 의  임 재 의  강 으 로  뛰 어 들 라

# Following
## *The River*

**a vision for corporate worship**
회중 예배를 위한 비전

# 01

# 하나님의 강을 향한 열정

A PASSION FOR THE RIVER

1 또 그가 수정 같이 맑은 생명수의 강을 내게 보이니 하나님
과 및 어린 양의 보좌로부터 나와서 2 길 가운데로 흐르더라
강 좌우에 생명나무가 있어 열두 가지 열매를 맺되 달마다 그
열매를 맺고 그 나무 잎사귀들은 만국을 치료하기 위하여 있
더라 (계 22:1~2)

살면서 가장 맛있는 물을 마신 순간을 기억하는가?

나는 그 순간을 생생히 기억한다. 내가 어린 시절에 뛰놀던
캐나다 브리티시 컬럼비아주의 태평양 연안에서 차로 가까운 거
리에서 있었던 일이다. 어느 화창한 봄날, 우리 교회는 차를 몰고
지역의 우뚝 솟은 산 중 한 곳으로 가벼운 하이킹 체험을 떠났다.
브리티시 컬럼비아주 해안가에 가까운 로키산맥에는 산꼭대기
에 일 년 내내 눈으로 덮인 산이 아주 많았다.

우리는 따스한 봄기운을 뒤로 하고 양옆에 눈이 쌓인 비포장 벌목 길을 올라가다 더 이상 갈 수 없는 지점에서 차를 주차하고 걸어서 이동했다. 산길에서 한 번도 본 적 없는 새들을 만났는데, 이 새들도 사람을 만난 적이 없는지 무서워하지 않고 우리가 내민 손 위에 앉아 먹이를 먹었다. 눈앞에는 거대한 고산 빙하가 웅장하게 솟아 있었고 길옆 앙상한 나무에는 새싹들이 봄의 따스한 햇살을 받으려고 용감하게 살얼음을 뚫고 나오는 중이었다.

목적지로 가는 중에 높은 산의 절벽으로 눈 덩어리가 서서히 내려오는 모습을 초조하게 지켜보았다. 오후 늦게 기상이 안 좋아진다는 예보가 있었기 때문에 우리는 차로 돌아가야 했다. 건조한 산 공기를 마시며 한참을 걷고 나니 예상치 못한 갈증이 서서히 밀려왔다. 물병을 챙기지 못했지만 걱정하지 않았다. 길옆을 따라 빙하에서 녹은 물이 흐르는 개울이 있었기 때문이다.

시냇물이 시작한 발원지 근처로 가서 몸을 낮춰 흐르는 물을 깊이 들이마신 순간, 나는 전율을 느꼈다. 물은 얼음장처럼 차갑고 맑았으며 이전에는 경험한적 없는 새로운 맛이었다. 그 전이나 그 후에도 이런 물은 마신 적이 없었다. 물 한 모금을 마시고 나서 더 마시고 싶은 마음에 다시 엎드려 흐르는 물을 마셨다. 마침내 더 이상 물을 마실 수 없을 정도로 배가 부르자 더 이상 물을 마실 수 없다는 사실이 실망스러울 정도였다.

물맛이 정말 신선하고 좋아서 그저 한 모금이라도 더 마시고 싶다는 생각이 들었다. 우리는 갈증을 느끼도록 창조되었는데, 내 옆에 흐르는 알프스 고산 지대의 빙하수는 갈증을 해소하는 가장 좋은 물이었다. 고산 지대의 빙하수는 이가 시릴 정도로 시원하며 거품이 이는 순수한 물로 미네랄이 풍부했다.

고산 지대의 빙하수가 우리에게 이렇게 큰 만족감을 준다면 요한계시록에 나오는 '생명의 강'은 어떨지 상상해 보라! 먼 훗날 우리는 이 세상의 어떤 물보다 좋은, 하나님과 어린양이 앉으신 보좌에서 흐르는 생명의 강물을 마시게 될 것이다.

지극히 높으신 분이 계시는 성소를 흐르며 하나님의 성을 기쁘게 하는 강이 있습니다. (시 46:4 우리말 성경)

우리가 마실 하나님의 강이 실제로 존재한다. 나는 천국의 강물을 처음 마실 순간을 떠올려 본다. 생명의 강은 최대한 빨리, 많이 마시려고 숨을 참고 마시고 또다시 마시려고 한껏 숨을 들이쉬고 고개 숙여 마시는 그런 물일 것이라고 생각한다.

우리는 이렇게 놀라운 천국의 강, 하나님의 강을 위해 창조되었다. 하나님의 강이 우리 부르심이다! 우리는 오직 하나님의 강에서만 영혼 깊은 곳의 목마름을 해소하고 만족감을 느끼도록 창조되었다.

다윗은 "그들이 주의 집에 있는 살진 것으로 풍족할 것이라 주께서 주의 복락의 강물을 마시게 하시리이다."(시36:8)라고 고백하며 하나님이 사람의 영혼 속 깊은 갈망을 채워주기를 원하신다고 확신했다. 하나님의 강에서 누리는 기쁨은 우리 것이다.

## 기다릴 필요 없다

우리는 보좌와 유리 바다가 있는 천국에서 하나님의 강에 담긴 충만함을 경험할 수 있다. 그러나 성경은 우리가 하나님의 강을 마시기 위해 먼 훗날 영화로운 몸으로 변화할 때까지 기다릴 필요 없이 지금 여기, 이 땅 위에서 하나님의 강을 조금이라도 마실 수 있다고 분명히 말한다.

예수님은 이 강이 우리 안에 흐를 뿐만 아니라, 우리를 통해 다른 사람에게 흘러간다고 말씀하셨다.

나를 믿는 자는 성경에 이름과 같이 그 배에서 생수의 강이
흘러나오리라 하시니 (요7:38)

우리 각자가 이 영광스러운 성령의 강을 마실 수 있으며, 갈증이 클수록 강으로 더 깊이 들어갈 수 있다(마 5:6). 우리는 지금 생수의 강, 하나님의 강을 마실 수 있다.

이 강의 근원은 하나님이시다. 다니엘은 이 강을 하나님 앞에서 솟아 나와 흐르는 '불타는 강'으로 보았다(단 7:10).

이 살아 있는 불타는 강은 당신과 나처럼 구속받은 자녀들의 마음으로 바로 흘러 들어가서 우리 마음을 하나님의 아름다운 독생자를 향한 거룩한 열정으로 불태운다.

우리가 위엄과 영광으로 가득한 주님의 얼굴을 바라볼 때, 우리 마음에서 생수의 강이 흘러 나와 거룩한 사랑과 넘치는 예배의 모습으로 하나님께 돌아간다. 이렇게 뜨거운 예배의 순환을 통해 하나님의 강이 생수의 강을 갈망하면서도 어떻게 해야 할지 몰라 마시지 못한 많은 목마른 영혼에 흘러갈 것이다.

하나님은 우리 안에 오직 하나님의 강으로만 채울 수 있는 갈망을 창조하셨다. 그래서 우리는 시편 기자처럼 부르짖는다. "하나님이여 사슴이 시냇물을 찾기에 갈급함같이 내 영혼이 주를 찾기에 갈급하니이다"(시 42:1) 당신도 목이 마른가? 나는 당신이 이 책을 통해 하나님께 더욱 목마르게 되기를 기도한다!

성령과 신부가 말씀하시기를 오라 하시는도다 듣는 자도 오라 할 것이요 목마른 자도 올 것이요 또 원하는 자는 값없이 생명수를 받으라 하시더라 (계 22:17)

우리가 하나님의 강을 간절히 사모하므로 어떤 대가를 치르든지 더 간절한 마음으로 하나님의 강을 찾고, 그 안에 머무르며, 다른 사람도 이 강을 발견하도록 기꺼이 돕기를 바란다.

이 책은 예배, 그중에서도 회중 예배에 관한 책이다. 예배에 목마른 영혼을 만족케 하는 강이 흐른다. 나는 진지하게 "하나님은 예배에서 우리를 어디로 인도하실까?"라고 생각해 보았다.

최근 몇 년간 전 세계의 교회가 예배의 부흥을 경험했다는 사실에 이의를 제기할 사람은 없다. 과연 우리는 어디를 향해 가는 걸까? 이 책은 이 질문에 답하기 위한 첫 시도이다.

각 장에 하나님의 강을 향한 비전의 새로운 차원을 보여줄 것이다. 여러분이 이 책을 다 읽을 때쯤, 회중 예배에 담긴 강력한 잠재력을 깨닫고 뜨거운 열정을 품게 되기를 기도한다.

주님의 임재의 강으로 뛰어들라

# Following
## The River

**a vision for corporate worship**

회중 예배를 위한 비전

# 02

# 헤엄칠 만큼 깊은 강물

SWIMMING-DEPTH WATERS

에스겔은 성경 전체에서 하나님의 강을 가장 생생하게 묘사했다. 나는 에스겔이 묘사한 강이 회중 예배에 흐르는 하나님의 강이라고 본다. 이 관점이 에스겔이 기록한 구절의 유일한 해석은 아니지만 충분히 타당한 해석이라고 볼 수 있다.

회중 예배에 흐르는 강이 있다. 이 강은 하나님의 보좌에서 나와 하나님의 자녀들의 갈증을 해소한다. 에스겔이 본 강의 환상은 그렇게 되기를 바라는 허무맹랑한 상상이 아니라 앞으로 확실하게 일어날 일의 계시라는 점에서 참된 환상이다. 나는 점점 더 가까이 다가오는 이 강을 지금 세대에 전파하기 위해 싸우고 있다. 나와 함께 회중 예배에 흐르는 강을 더 자세히 살펴보자.

1 그가 나를 데리고 성전 문에 이르시니 성전의 앞면이 동쪽을 향하였는데 그 문지방 밑에서 물이 나와 동쪽으로 흐르

다가 성전 오른쪽 제단 남쪽으로 흘러 내리더라 2 그가 또 나를 데리고 북문으로 나가서 바깥길로 꺾여 동쪽을 향한 바깥 문에 이르시기로 본즉 물이 그 오른쪽에서 스며 나오더라 (겔 47:1~2)

성전 오른편에서 흘러나오는 강은 그리스도가 십자가를 지셨을 때 군병에게 창으로 옆구리를 찔리시고 물과 피를 흘린 장면을 떠오르게 한다(요 19:34). 그리스도의 옆구리에 난 상처는 목마른 세상을 향해 생명의 강이 흘러가는 통로를 열었다. 하나님의 강의 근원은 십자가에 못 박히사 죽임당하신 어린양께 있다. 그러므로 우리가 어린 양께 집중할 때 가장 깊은 예배의 강물에서 헤엄칠 수 있다. 사랑에 빠진 신부가 십자가에 못 박히신 사랑하는 그리스도를 믿음의 눈으로 바라볼 때 가장 깊은 사랑에 빠진다. 우리가 사랑하는 그리스도를 바라보는 그곳이 하나님의 강이 흐르는 곳이다.

## 더 깊이 들어가라

3 그 사람이 손에 줄을 잡고 동쪽으로 나아가며 천 척을 측량한 후에 내게 그 물을 건너게 하시니 물이 발목에 오르더니 4 다시 천 척을 측량하고 내게 물을 건너게 하시니 물이 무릎에

오르고 다시 천 척을 측량하고 내게 물을 건너게 하시니 물이
허리에 오르고 5 다시 천 척을 측량하시니 물이 내가 건너지
못할 강이 된지라 그 물이 가득하여 헤엄칠 만한 물이요 사람
이 능히 건너지 못할 강이더라 (겔 47:3~5)

에스겔은 대략 520미터(1000 규빗) 길이의 강을 따라간다. 처음
에는 발목까지 오던 물이 점점 불어나 무릎, 허리까지 차올라서
"헤엄칠 만한 물이요 사람이 능히 건너지 못할 강"이 된다. 다른
지류가 들어오지 않는데 강물의 깊이가 점점 불어난다는 점이 인
상적이다. 하나님의 강은 살아있어서 작은 실개천이 약 520미터
를 가면서 마치 홍수가 난 강처럼 불어나는 힘이 있다. 에스겔은
얕은 강이 가장 깊은 강으로 발전하는 모습을 보여준다. 우리는
이 과정을 회중 예배에서 강력하게 경험할 수 있다.

회중 예배에는 능히 건널 수 없을 만큼 깊고 강력한 강이 흐
른다. 나는 구도자들과 죄인들이 예배에 흐르는 강 바로 앞에서
과거의 삶으로 되돌아가는 모습을 보는 데 지쳤다. 그들은 예배
의 강에 발끝을 아주 살짝 담근 채로 "이 교회는 음악이 참 좋네
요" 혹은 "멋진 예배였습니다"라고 말하며 떠난다. 나는 불신자
에게서 이런 형식적인 칭찬을 들을 때마다 정말 마음이 아프다.
왜냐하면 그들은 예수님이 생명을 바쳐 우리에게 주신 귀한 은
혜, 하나님의 강을 거의 경험하지 못했기 때문이다.

나는 온 마음 다해 부르짖는다. "하나님, 사람들이 예배에서 하나님의 강에 깊이 잠겨서 생명을 주는 영광스러운 흐름에 휩쓸리게 해주십시오! 건너갈 수 없을 만큼 깊은 예배의 강을 주소서"

불가지론자, 구도자, 무신론자, 적대자, 회의론자, 위선자, 신자, 불신자, 성도, 죄인, 성령 충만한 성도, 거만하고 고집 센 사람, 마음이 돌같이 단단한 냉소주의자 등 어떤 상태로 예배에 참여해도 상관없다. 예배실의 모든 사람을 휩쓸어 버리는 예배의 강에 잠기면 그 누구도 변하지 않을 수 없기 때문이다.

나는 오늘날의 세대에게 가장 좋은 것은 주님의 기쁨의 강에 들어가서 하나님을 만나는 것이라고 생각한다. 전능하신 하나님과의 만남은 청소년과 청년 시절에 평생 잊을 수 없는 기억을 남긴다. 또래의 압박과 세상의 유혹이 젊은이들의 삶을 휘감을 때, 다음 세대는 예배 중에 권능과 영광으로 자신을 찾아오신 하나님을 절대 잊지 않고 다시 기억할 것이다.


## 치유의 나무

6 그가 내게 이르시되 인자야 네가 이것을 보았느냐 하시고 나를 인도하여 강가로 돌아가게 하시기로 7 내가 돌아가니 강 좌우편에 나무가 심히 많더라 8 그가 내게 이르시되 이 물

이 동쪽으로 향하여 흘러 아라바로 내려가서 바다에 이르리
니 이 흘러내리는 물로 그 바다의 물이 되살아나리라 9 이 강
물이 이르는 곳마다 번성하는 모든 생물이 살고 또 고기가 심
히 많으리니 이 물이 흘러 들어가므로 바닷물이 되살아나겠
고 이 강이 이르는 각처에 모든 것이 살 것이며 (겔 47:6~9)

에스겔은 강에서 헤엄칠 만큼 깊은 곳으로 갔을 때 비로소 치
유의 나무를 보았다. 우리가 깊은 예배를 경험할 때 치유와 기적
이 회복된 기도의 집의 영광스러운 차원과 마주할 수 있다. "맹인
과 저는 자들이 성전에서 예수께 나아오매 고쳐주시니(마 21:14)."

겔 47:8의 '바다'는 사해를 가리킨다. 사해는 바다가 아니라
호수로 요단강에서 물이 들어오지만, 물이 빠져나갈 길은 없다.
물이 빠져나가지 못하면서 물속의 물질이 중동의 뜨거운 열기에
증발하여 계속 쌓인 결과 일반적인 바닷물보다 훨씬 더 염도가
높아서 어떤 생물도 살 수 없는 죽은 바다, 사해가 된다.

그래서 에스겔의 묘사가 중요하다. 에스겔이 본 강은 죽음의
영으로 가득한 곳을 치유한다. 하나님의 강은 부패한 것을 치유
하고 죽음의 장소를 생명이 가득한 곳으로 바꾼다. 오늘날의 많
은 교단과 연합 단체의 곳곳에 사해 같은 교회들이 흩어져 있다.
전에는 생명이 있던 곳에 이제는 죽음이 있다.

에스겔은 차갑게 죽어 짠맛으로 찌들어 버린 교회를 향해 예언적으로 선포한다. "여러분은 회복할 수 없는 존재가 아닙니다. 교회로서, 하나님의 운동으로서 여러분의 영적인 생명력을 새롭게 할 수 있는 무언가가 있습니다. 그것은 바로 회중 예배에 역사하는 하나님의 강입니다. 하나님의 강이 여러분을 새롭게 할 것입니다!"

우리는 에스겔의 예언이 눈앞에서 이뤄지는 것을 보고 있다. 새로운 부흥의 물결이 일어나서 상처받고 희망을 잃은 것처럼 보이던 많은 교회가 새 생명을 얻는 이유는 바로 회중 예배 때문이다. 이 교회들이 예배에서 발견한 하나님의 강이 죽은 형식주의에 새로운 생명을 불어넣고 있다. 정말 멋지다! 앞으로 이런 현상이 더 많아질 것이다. 에스겔이 본 환상의 결론은 이렇다.

> 10 또 이 강가에 어부가 설 것이니 엔게디에서부터 에네글라임까지 그물 치는 곳이 될 것이라 그 고기가 각기 종류를 따라 큰 바다의 고기 같이 심히 많으려니와 11 그 진펄과 개펄은 되살아나지 못하고 소금땅이 될 것이며 12 강 좌우 가에는 각종 먹을 과실나무가 자라서 그 잎이 시들지 아니하며 열매가 끊이지 아니하고 달마다 새 열매를 맺으리니 그 물이 성소를 통하여 나옴이라 그 열매는 먹을 만하고 그 잎사귀는 약재료가 되리라 (겔 47:10~12)

다시 한번 우리는 에스겔이 본 강에 큰 바다의 고기떼처럼 많은 물고기가 종류별로 심히 많은 모습을 통해 이 강에 치유의 능력이 끊임없이 흘러넘친다는 것을 알 수 있다. 누군가는 이렇게 질문할지도 모른다. "하지만 우리가 회중 예배에서 진짜 하나님의 강 깊은 곳으로 들어갔을 때 아직 믿음이 연약한 초신자들이나 구도자와 방문자들이 겁을 먹고 도망가면 어떻게 하죠?"

걱정하지 말라. 에스겔이 본 것처럼 물고기들은 하나님의 강에 흐르는 치유와 생명력에 이끌렸기 때문에 도망가지 않는다.

우리가 참으로 하나님의 강이 흐르는 회중 예배를 드린다면 몇몇 들짐승은 겁을 먹고 도망가겠지만, 주님이 이끄시는 진짜 물고기들은 갈망하던 하나님의 강으로 모여들 것이다.

# 03

# 강물 사냥
*RIVER-HUNTING*

강에서 얻을 수 있는 가장 큰 즐거움은 강변이 아닌 강 중심에 있다. 내 친구 게리 빈스가 친구들과 함께 콜로라도의 한 산에서 급류 래프팅을 한 이야기를 해주었다. 게리는 4단계로 이어지는 급류를 가로질러 무사히 통과하는 과정이 정말 짜릿했으며 가장 빠르고 격렬한 5단계 급류를 연달아 만나서 통제할 수 없을 정도의 급류에 휩쓸려 떠내려간 경험은 어떤 것과도 비교할 수 없이 긴장감이 넘쳤다고 말했다. 모든 것이 '좋은 인도자가 함께 있었기 때문에 가능한 경험'이었다고 말했다.

사랑하는 성도들이여, 하나님의 영광스러운 강의 빠른 흐름을 두려워하지 말라. 우리에게도 좋은 인도자가 계신다. 성령님은 거룩한 회중 예배의 강에서 우리의 유능한 인도자이시다. 사실 격렬한 물살은 위험하지만 동시에 비교할 수 없는 긴장감도 있다.

이 부르심은 저절로 이루어지는 것이 아니라 우리가 전심으로 찾고 구해야 한다. 주님의 강은 우리 부르심이자 운명이다!


## 바울의 관점

바울은 회중 예배의 강력한 잠재력에 아주 독특한 관점을 가지고 있었다. 바울이 이 관점을 표현할 때 에스겔서 47장의 환상을 인용하지는 않았지만, 하나님의 자녀들이 함께 모여 예배할 때 경험하는 똑같은 영적 추진력을 이야기한다. 바울은 예배에서 일어나는 일을 자기만의 방식으로 이렇게 설명한다.

*24 그러나 다 예언을 하면 믿지 아니하는 자들이나 알지 못하는 자들이 들어와서 모든 사람에게 책망을 들으며 모든 사람에게 판단을 받고 25 그 마음의 숨은 일들이 드러나게 되므로 엎드리어 하나님께 경배하며 하나님이 참으로 너희 가운데 계신다 전파하리라* (고전 14:24~25)

하나님의 자녀들이 영과 진리 안에서 예배하기 시작하면 무언가가 그 모임을 장악한다. 에스겔은 이 무언가를 강이라고 불렀다. 바울은 이 무언가를 예언적인 기름 부음("다 예언을 하면")이라고 불렀는데, 이 예언적인 기름 부음은 회중 전체를 예배의 강으로 휩쓸어 버리는 힘이 있다. 회중 예배에서 예언적인 기름 부음이 폭발하면 다음 네 가지 현상이 일어난다.

첫 번째 현상은 불신자의 숨겨진 비밀이 드러나는 것이다. 성령님은 예배하려고 모인 회중의 어떠함을 이미 다 아시며, 회중의 한 사람을 통해 다른 사람을 향한 예언의 말씀을 주신다(고전 14장). 바울이 말하는 예언은 성령님이 은사로 사람들의 부끄러운 삶을 폭로해서 당황하게 만든다는 의미가 아니다. 오히려 성령님이 한 사람을 통해 불신자에게 하나님이 자신을 아신다는 사실을 깨닫게 하는 말씀을 주신다는 의미이다. 하나님은 불신자에게 관심이 있으시며 불신자의 마음 깊은 곳에 담긴 갈망을 이해하신다.

두 번째 현상은 불신자가 엎드리는 것이다. 나는 성령님의 설득력 있는 능력으로 우리 예배에도 이런 일이 일어나는 것을 상상해 본다. 이전에는 하나님을 전혀 몰랐던 사람들이 하나님이 자신을 얼마나 깊이 아시며 그 처지를 이해하시는지 깨달을 때, 그들은 하나님의 거룩함 앞에 고개 숙여 엎드릴 것이다. 여러분이 드린 예배에서 불신자가 무릎을 꿇었던 적이 있었는가? 바울에 의하면 이런 일은 보기 드문 일이 아니다.

세 번째 현상은 불신자가 하나님께 경배하는 것이다. 이것은 불신자가 회심했거나 거듭났다는 의미가 아니다. 왜냐하면 예수님을 믿는 신자가 되지 않아도 하나님을 예배할 수는 있기 때문이다. 물론 신자의 예배와 불신자의 예배는 근원적으로 다르지만, 하나님은 반역자들까지도 하나님의 능력과 지혜와 위엄을 인정하며 무릎 꿇어 예배하게 하실 수 있다.

마지막으로 불신자는 "하나님이 참으로 너희 가운데 계신다"라고 전파할 것이다. 그는 집회를 마치고 집으로 돌아가면서 친구들에게 "그 교회에 가면 하나님을 만날 수 있어. 정말이야. 하나님이 거기 계셔!"라고 말할 것이다. 어쩌면 불신자는 겁에 질려 "그 교회에 다시는 안 갈 거야!"라고 맹세할지도 모르지만, 결국 다음 주에 다시 교회로 돌아올 것이다. 왜 그런가? 하나님의 선하심을 한 번 맛보면 다른 것으로는 만족할 수 없기 때문이다.

우리에게 예배에서 일어날 수 있는 영광스러운 모습을 미리 보여준 바울에게 감사한다. 우리 모두 간절한 마음으로 하나님 안에서 이 거대한 강을 발견하자.

바울이 제시한 성공적인 예배의 기준은 신자들이 예배를 마치고 돌아가면서 어떤 생각을 했는지에 근거하지 않는다. 신약시대 회중 예배의 기준은 불신자들이 예배를 마치고 돌아갈 때 자신이 참여한 예배를 두고 어떤 말을 했는지에 근거한다. 예배에 참여한 불신자가 예배를 모두 마치고 돌아가면서 하나님의 임재를 고백하고 간증했는가?

## 소리를 듣고 수심을 측정하라

회중 예배에서 거룩한 즐거움이 가득한 하나님의 강을 경험할수록 예배의 어느 지점에서 강을 찾을 수 있는지 분별하는 능력이 발전한다. "아직은 아니야, 우리는 강에 가까이 가지 못했어. 점점 다가가고 있지만 아직 강에 닿지 못했어"라고 생각한다. 그러다 가끔은 "아, 지금 도착했구나. 이제 영적인 영역에서 어떤 일이 일어날 거야. 나는 우리가 방금 강에 도착한 것을 믿어. 여기가 강이 시작하는 지점이야."

예배 인도자는 회중 예배에서 하나님의 강에 언제 도착할지 분별하기 위해 끊임없이 성령님을 의지해야 한다. 예배 인도자는 우선 찬양 한 곡을 부른 후 발끝에 물이 닿았는지 확인한다.

"아니야. 아직 물이 없어. 다음 곡으로 한 번 더 시도하자"

계속해서 예배 인도자는 미리 뽑아 놓은 목록을 따라 다음 곡을 부르는 동안 예배를 이어갈 거룩한 흐름을 탐색한다. 이런 시도를 강물 사냥 RIVER-HUNTING 이라고 부른다.

"여전히 아무것도 없네. 휴, 다음 곡을 부를 때는 특별한 일이 일어나면 좋겠어."

그래서 예배 인도자는 예배에서 하나님의 강을 발견하기를 바라며 미리 작성한 목록에서 한 곡 한 곡 찬양을 부르며 상황을 살피는 경향이 있다. 예배 인도자는 회중이 예수 그리스도의 이름으로 모일 때 거룩한 호흡으로 역사하시는 하나님의 영을 찾으려고 애쓴다. 그러다 어느 순간 예배에 하나님의 강이 흐르기 시작하면 회중은 거룩한 추진력에 이끌려 가는 자신을 발견한다.

예배 인도자에게 가장 피곤하고 힘든 일은 무엇일까? 음악적 수단과 사람의 힘으로 예배를 유지하려는 시도이다. 하지만 하나님이 직접 예배를 이끄시는 순간에 예배 인도는 하나님이 예배 인도자에게 주시는 가장 짜릿한 기쁨으로 변한다. 우리 예배에 활력을 불어넣는 것은 우리 자신이 아니라 하나님이시다.

예배 인도자들은 무엇보다 하나님의 강을 분별하는 능력을 키우는 것이 대단히 중요하다. 여기에 세 가지 주의 사항이 있다. 예배 인도자는 예배가 하나님의 강에 닿는 시점을 알아야 한다. 그리고 언제 더 깊은 강으로 나아가야 하는지 알아야 한다. 마지막으로 하나님의 강에서 언제 멀어지는지도 알아야 한다.

예배 인도자가 원하는 대로 예배가 흘러가지 않으면 예배 인도자는 종종 소심해져서 자기가 뭘 잘못했는지 알아내려고 노력하기 쉽다. 이것을 명심하라. **예배 인도자의 임무는 하나님의 강을 찾고 그 안에 머물기 위해 최선을 다하는 것이다. 강의 깊이는 하나님이 정하신다.** 주님은 회중을 굉장히 깊은 곳으로 인도하실 때도 있고 때로는 얕은 물가에 머물게 하실 때도 있다.

하나님이 강물의 깊이를 주권적으로 다스리시기 때문에 예배 인도자는 강을 만나는 순간 주시는 깊이에 만족해야 한다.

나는 하나님의 강에 도달한 예배에 많이 참여했다. 하지만 안타깝게도 많은 예배 인도자가 회중과 함께 하나님의 강에 얼마나, 어떻게 머물러야 할지를 잘 몰랐다. 한 예배에서 회중 전체가 하나님의 강에 도달하자 영적인 기대감이 파도처럼 회중을 휘감았다. 얼마 후 회중이 다시 얕은 물가로 움직이자, 예배 인도자는 회중의 방향을 깊은 강으로 되돌리는 방법을 모르는 것 같았다. 그 결과 회중은 점점 얕은 물가로 가서 결국 메마른 육지로 올라가면서 예배가 끝났다.

가끔 나는 회중 속에서 경고의 깃발을 흔들고 싶을 때가 있다.

"위험합니다! 이대로 계속하면 하나님이 역사하시는 순간에서 멀어질 겁니다. 하나님의 강이 강하게 흐르는 곳으로 돌아갑시다"

예배 인도자는 소리를 듣고 물의 깊이가 얼마인지 아는 능력을 개발해야 한다. 얕은 물에서 나는 소리와 깊은 물에서 나는 소리는 분명히 차이가 있다. 나는 사도행전 27:28~29을 이 관점으로 본다.

*28 물을 재어 보니 스무 길이 되고 조금 가다가 다시 재니 열
다섯 길이라 29 암초에 걸릴까 하여 고물로 닻 넷을 내리고
날이 새기를 고대하니라*

바다를 항해한 경험이 있는 사람이라면 물의 깊이를 측정할
때 '음향측심법'을 사용한다는 사실을 잘 알 것이다. 음향측심법은
음파, 소리를 발사하여 되돌아오는 소리로 물의 깊이를 파악하는
방법이다. 배 아래에 장착한 음향 측심기에서 발사한 소리가 해저
에 부딪히고 돌아오는 속도가 빨라질수록 배가 육지에 부딪힐 위
험이 크다는 의미이다.

우리가 하나님의 강을 찾아갈 때, 예배 인도자는 하나님의 강
을 찾는 방법뿐만 아니라 하나님의 강에 머무르는 방법도 배워야
한다. 만일 예배에서 현재의 방향이 회중을 하나님의 강 깊은 곳
에서 멀어지게 한다면 다시 깊은 곳으로 방향을 바꿀 수 있는 유
연함이 필요하다.

주 님 의   임 재 의   강 으 로   뛰 어 들 라

# Following
## *The River*

### a vision for corporate worship
회중 예배를 위한 비전

# 04

# 하나님의 강 vs 노래 목록

THE RIVER VERSUS THE SONGLIST

나는 어느 날 하나님의 강을 묵상하다 아주 단순한 사실을 깨달았다. '하나님의 강은 직선으로 흐르지 않고 곡선으로 흐른다.' 하지만 교회 예배 순서는 다르다. 첫째, 둘째, 셋째 직선으로 진행한다. 예배 인도자의 노래 목록 역시 직선을 따른다. 노래 목록은 예배 곡을 차례로 나열한다. 첫 곡으로 시작해서 쾅, 쾅, 쾅 직선으로 진행한다. 그러나 하나님의 강은 직선이 아니라 예측할 수 없는 방향 전환과 경로를 따라 곡선으로 흘러간다.

그래서 친밀한 예배를 누리다 갑자기 찬양이 폭발하기도 하고 하나님의 강이 방향을 바꾸어 영적 전쟁의 분위기로 몰아넣기도 하며, 순식간에 장엄하신 하나님의 위엄을 높이기도 한다. 우리가 강물처럼 유동적인 성령님의 운행하심에 반응하지 못하면 간절히 소원하는 만큼 하나님과 함께하는 감격을 누리기 어렵다.

## 강물 도표

이제 나올 도표들은 예배의 다양한 유형을 보여준다. 도표에서 곡선은 우리가 회중 예배에서 경험하기를 원하는 하나님의 강을 의미한다. 하나님의 강은 치유가 일어나며 예언적인 영이 충만하게 임하고, 성령님이 말할 수 없는 탄식으로 우리를 위해 친히 간구하셔서 죄인들이 감화받아 하나님의 권능 아래 엎드리는 곳이다. 오, 우리는 진심으로 하나님의 강을 원한다!

또한 각 도표에서 직선으로 시작한 화살표는 우리의 노래 목록을 의미한다. 이 도표는 하나님의 강과 예배 준비의 직선 사이의 관계를 보여준다.

### 도표 1. 육지 예배

이 도표로 표현한 예배는 노래 목록이 하나님의 강과 일정한 간격을 두고 완전히 평행하게 움직인다. 즉, 우리가 노래 목록에 머무는 한 하나님의 강을 만날 수 없다는 뜻이다.

이 예배는 아무도 견딜 수 없을 만큼 가장 우울한 예배다. 이 예배에서 예배 인도자는 하나님의 강을 찾으려고 애쓰면서 노래 목록의 노래를 계속 부르며 변화가 일어나기를 바라지만, 노래 목록에 있는 어떤 노래를 불러도 하나님의 강을 찾을 수 없다. 그럼에도 하나님의 강을 찾고 싶은 간절한 마음으로 노래 목록 중에 한 곡이라도 예배에 변화를 일으키기를 바라며 계속 목록을 따라 인도한다.

나는 왜 하나님이 때때로 이렇게 답답하고 실망스러운 예배를 우리에게 허락하시는지 완전히 이해하지는 못한다. 어쩌면 하나님 나라는 사람의 힘과 계획으로는 나아갈 수 없다는 것을 알려주시는 것인지도 모른다. "만군의 여호와께서 말씀하시되 이는 노래 목록으로 되지 아니하며 예배 순서로 되지 아니하고 오직 나의 영으로 되느니라."

어쩌면 하나님은 우리가 하나님의 강을 발견했을 때 정말 감사할 수 있도록 종종 형편없는 예배를 허락하시는지도 모른다. 아니면 우리가 드리는 예배에 분별하고 극복해야 할 영적 장애물이 있을지도 모른다. 아니면 우리가 안전지대를 벗어나기를 바라시면서 징계하시는 것일지도 모른다.

사실 우리가 연습한 노래 목록의 범위 안에 있으면 매우 큰 안정감을 느낀다. 하지만 하나님은 우리가 준비한 노래 목록이라는 배에서 나와 계획하지 않은 노래와 표현이라는 물 위를 걷기 원하신다. 이런 예배가 발생하는 이유가 무엇이든, 어떤 예배는 분명히 처음부터 끝까지 시종일관 메마른 것이 사실이다.

솔직히 말하면 나도 지금까지 메마른 예배를 많이 참아왔다. 만일 내 평생에 메마른 예배를 참아야 하는 할당량이 있다면 이미 다 채우고도 남을 만큼 드렸다고 생각한다. 그래서 앞으로 평생 메마른 예배를 다시 드릴 수 없다 해도 전혀 아쉽지 않다.

## 도표 2. 중단된 예배

곡선은 우리가 찾는 하나님의 강이고 화살표는 노래 목록이다. 이 예배에서 노래 목록은 실제로 우리를 바른 방향으로 이끌기 때문에 계속 노래 목록을 따르면 결국 하나님의 강에 도착할 것만 같다. 그러나 이런 예배는 하나님의 강에 도달할 수 없다. 왜냐하면 우리가 강에 도착하기 직전에 그 유명한, "이제 자리에 앉으셔도 됩니다"라는 익숙한 말을 들을 것이기 때문이다. 다시 한번 그림을 자세히 보라. 화살표는 강에 닿지 못했다.

## 도표 3. 중간에 멈추는 예배

　이 예배에서 회중은 노래 목록을 한 곡 한 곡 부르며 간절한 마음으로 하나님의 강을 찾는다. 그리고 드디어 역사가 일어난다. 예배 처소에 성령님의 바람이 불어오는 것을 느끼며 기대로 가득한 회중의 마음이 하늘을 향한다. 예수님의 임재가 예배 처소의 모든 회중이 느낄 수 있도록 부드럽게 스며들기 시작한다.

　이 모든 것은 오해가 아니다. 회중은 분명히 살아 계신 그리스도의 임재를 만났으며 강물이 우리 발 주위에 부드럽게 출렁이기 시작한다. 이 예배에서 회중은 하나님의 강을 찾았다! 이것이 우리가 함께 모인 이유이다! 삶을 바꾸시는 하나님의 강을 경험하려고 주님의 이름으로 함께 모였고, 지금 그 일이 일어나고 있다. 이 순간을 허락하신 하나님께 진심으로 감사하자.

　하지만 이 시점에 예배 인도자가 마이크 앞으로 나와 문제가 일어나기 전에 최대한 부드럽게 모두를 구출하려고 시도한다. 목회팀이나 예배 인도자는 혹시 회중 중에 일부 성도가 신선한 하나님의 강을 만난 흥분을 주체하지 못해서 다른 사람이 오해할 만한 활기찬 표현을 할지도 모른다는 두려움이 있다. 더 큰 두려움은 하나님의 강에 도달해서 더 깊이 예배하다 자칫하면 지금 발견한 은혜를 잊어버리고 기대에 어긋나는 결과가 일어날지도 모른다는 것이다. 결국 목회팀이나 예배 인도자는 모든 종류의 문제와 실망감을 피하려고 예배를 빠르고 부드럽게 끝내고 순서의 다음 부분으로 넘어가려 한다.

사람의 지혜는 '하나님의 강을 찾았다면 더 이상 전진하지 말고 거기에서 끝내라'라고 말하지만 나는 이렇게 반문하고 싶다. "기대하고 바라던 하나님의 강을 찾았으니 이제 잠시 하나님의 강을 만끽하면 어떨까요? 지금 발목까지 찰랑찰랑 강물이 올라왔으니 무릎에서 허리까지 차올라서 수영할 수 있을 만큼 깊은 물로 나아갑시다!" 우리는 물 한 모금만 마시려고 예배하는 것이 아니라 '하나님의 성, 지존하신 이의 성소를 기쁘게 하는 강'을 마음껏 마시기 위해 예배한다.

### 도표 4. 터널 환상 예배

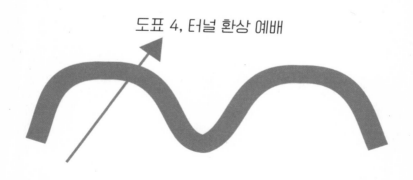

이 예배에서는 회중이 노래 목록을 진행할 때 갑작스러운 일이 일어난다. 어느 순간 회중은 강에 도착하고 하늘을 향해 얼굴을 들고 예배하며 뺨에는 눈물이 흐른다. 회중의 마음이 성령님의 바람을 타고 주님을 향해 날아오른다. 그러나 예배 인도자는 회중의 상황은 아랑곳하지 않고 계속 자기가 선곡한 노래 목록대로 예배를 진행한다. 회중은 한동안 발목까지 물이 찰랑거렸기 때문에 하나님의 강에 있다고 생각했지만, 정신을 차려 보면 어느새 육지로 돌아와 있다.

우리가 예배의 궁극적인 목적지인 하나님의 강을 만나기 위해 예배할 때 종종 멀리 돌아가는 것처럼 느끼는 이유는 하나님의 강이 흐르는 방향과 노래 목록의 방향이 다르기 때문이다. 그래서 예배 인도자들은 하나님의 강을 따를지, 아니면 노래 목록을 따를지 매우 어려운 결정을 내려야 한다.

노래 목록을 따르는 것은 마치 배 위에 머무는 것과 같다. 배 위는 안전하고 예측할 수 있으며 무난하다. 하지만 하나님의 강을 따르는 것은 마치 물 위를 걷는 것처럼 예측할 수 없고 위험하며 불확실성으로 가득할 뿐 아니라 예배 순서와 질서에 혼란을 일으킬지도 모른다. 때때로 우리는 하나님의 강을 따르기 위해 대가를 치러야 한다. 예배 인도자는 짧은 순간에 하나님의 강을 따를지 노래 목록을 따를지 결정해야 한다.

예수님과 오랫동안 동행한 사람들은 예수님 없이 배 안에 머무는 것보다 예수님과 함께 물 위를 걷는 것이 더 안전하다는 사실을 안다. 그러나 여전히 물 위를 걷는 것은 배 안에 있는 것보다 훨씬 더 위험해 보인다.

때때로 예배 인도자들은 두 방향을 바라본다. 먼저 하나님의 강을 보면서 하나님이 초대하시는 방향을 찾는다. 그 후에 사람들을 바라본 후 스스로 "성도들이 배에서 내려 함께 물 위를 걸을 준비가 되었을까?"라고 질문한다. 다시 말하면 "지금 다 같이 하나님의 강에 들어갈 준비가 되었을까?"라고 질문하는 것이다.

예배 인도자들이 회중을 둘러보면 회중의 절반 정도는 예배에 집중하지 못하고 허공을 응시하거나 완전히 우울한 표정을 짓거나 어떤 사람은 어수선하게 주위를 둘러보거나 옆 사람과 귓속말로 잡담하는 모습을 발견하고 자신에게 이렇게 말한다. "아니야, 이 회중은 더 깊이 들어갈 수 없어, 적어도 오늘은 아니야."

결국 인도자는 하나님의 강을 따라 용감하게 미지의 영역으로 나아가는 대신 자신이 고른 노래 목록이라는 안전한 장소로 돌아가 열심히 예배를 인도한다.

예배자들이여, 예배 인도자가 용감하게 하나님의 강을 따라 예배를 인도하기를 바란다면 자신의 태도와 표정이 인도자를 격려하거나 때로는 실망하게 할 수 있다는 사실을 알아야 한다.

이제 예배자로서 인도자와 함께 하나님의 강을 따라 흘러갈 준비가 되었다는 것을 적극적인 태도와 표정으로 보여주자. 예배자들이 적극적으로 예배에 참여하는 모습은 예배 인도자에게 "우리는 준비되었습니다. 이제 용기를 내어 시작하세요! 더 깊은 곳으로 뛰어듭시다. 당신은 혼자가 아니에요, 우리가 함께 하겠습니다. 오늘 하나님이 우리를 얼마나 깊이 인도하실지 같이 지켜봅시다"라고 말하는 신호와 같다.

## 도표 5. 되돌아가는 예배

이 예배는 도표 3의 예배처럼 노래 목록을 따라 전진해서 하나님의 강에 도착하지만 노래 목록을 내려놓지 못해서 강을 지나쳐 버린다. 몇 분 후에 예배 인도자는 멈춰 서서 "아이고, 강물을 지나쳐 버렸네!"라고 말하며 다시 강을 찾으려고 왔던 길을 열심히 되돌아간다.

예배에서 하나님의 강을 찾기 위해 예배 인도자는 일반적으로 두 가지 선택을 할 수 있다. 첫 번째는 언젠가 돌파구가 열리기를 바라며 인내하면서 계속 현재의 경로를 밀고 나가는 것이다. 두 번째는 그 자리에 멈춰서 현재의 경로를 바꿔서 다른 방향이나 다른 방법으로 하나님의 강을 찾는 것이다.

열심히 찬양을 불러도 하나님의 강을 찾지 못할 때가 있는데 이때는 찬양이나 음악이 아니라 강단 초청, 회개, 성만찬, 조용히 기다림, 설교 등 음악적이지 않은 표현에서 예배의 열쇠를 찾아야 한다. 음악적 표현과 비 음악적 표현이라는 두 가지 반응 중에 어떤 것이 옳은 선택인지는 오직 하나님의 성령만이 아신다. 그러므로 우리는 주님의 인도하심에 전적으로 의지해야 한다.

### 도표 6. 일반적인 은사주의 예배

이 도표는 오늘날 많은 현대 교회의 예배 형식을 보여준다. 이 예배는 마치 누군가가 "예배 시작 후 25분을 넘기 전에는 강물 사냥을 하면 안 된다."라는 규칙을 세운 모습이다. 이 규칙은 다음과 같다. "예배를 시작하고 25분 동안은 하나님의 강을 만날 생각 하지 말고 노래 목록대로 실천하라. 빠른 노래 3곡과 느린 노래 3곡을 부른 후에 25분이 지나면 하나님의 강을 찾을 수 있다."

나는 이 시대에 널리 퍼진 이 암묵적인 규칙에 공개적으로 이 의를 제기한다. 왜 예배를 시작하면서 바로 하나님의 강을 찾으면 안 되는가? 하나님의 강을 찾으려면 예배를 시작하고 25분간 기다려야 배에서 내릴 수 있다는 규칙을 세운 사람이 누구든지 간에 잡아서 교수형에 처하고 싶을 만큼 괴로운 현상이다.

이제 새로운 형식의 예배를 시작하자. 예배를 시작하면서 바로 하나님의 강을 찾는 새로운 규칙을 정하자. 첫 예배 곡을 시작할 때부터 하나님의 마음을 구할 수 있는데 왜 예배를 시작하고 25분이나 낭비해야 하는가?

## 도표 7. 아주 가까이에서 맛볼 수 있는 예배

이 예배에서 회중은 강 중심에 있다 강 밖으로 나온 후 다시 강으로 들어가서 다시 육지로 올라왔다 다시 강으로 들어간다. 노래 목록이 하나님의 강과 매우 가까워서 예배하는 동안 강의 유연한 흐름을 따라 계속 강 안팎을 오고 간다.

이번 장의 결론은 다음과 같다:

우리가 준비한 수직적인 노래 목록은 성령님의 흐름과 같이 갈 수 없는 근본적인 차이가 있다. 그러므로 수직적인 노래 목록 안에만 머물면서 하나님의 영광스러운 강 깊은 곳으로 들어가기를 바라는 것은 불가능한 일이다.

그러므로 우리는 안전하고 편안한 노래 목록과 하나님의 강을 따라가는 베일에 싸인 불확실성 사이에서 하나를 선택해야 한다. 모든 것을 다 가질 수 있는 경우는 매우 드물다.

만일 내가 이 땅의 모든 예배자를 대신해서 예배 인도자들에게 말할 수 있다면 이렇게 말하고 싶다.

"우리는 당신의 노래 목록이 아니라
하나님의 강을 원합니다!"

주님의 임재의 강으로 뛰어들라

# Following
## The River

**a vision for corporate worship**

회중 예배를 위한 비전

# 05

# 준비와 즉흥성 사이의 긴장감

THE TENSION BETWEEN PREPARATION AND SPONTANEITY

먼저, 누군가는 지난 장의 내용을 보고 내가 예배 준비를 반대한다고 오해할 수도 있으므로 앞에서 다룬 내용 몇 가지를 확실하게 정리하자. 분명히 말하지만, 나는 예배 준비를 적극 찬성하며 예배 상황에 맞는 사전 연습이 꼭 필요하다고 생각한다. 충분한 준비는 예배를 섬기는 예배팀의 필수 사항이다. 주일 아침 예배는 회중을 앞에 두고 연습하는 시간이 아니다.

성경은 "평안의 복음이 준비한 것으로 신을 신고"(엡 6:15)라고 권면한다. 성경이 신으라고 권면하는 신발은 정확히 무엇인가? 평화의 신발인가? 아니다. 우리가 신어야 할 신발은 준비의 신발이다. 맨발로 전쟁터에 들어갈 군사는 없다. 제대로 준비한 군사들이 군화를 신고 전쟁터에 들어갈 수 있다. 예배를 위한 철저한 준비는 전투를 위해 군화를 신는 것과 같다.

그러므로 나는 예배 준비의 필요성을 강력하게 지지하며 또한 예배에 맞는 적절한 노래 목록을 준비해야 한다고 믿는다. 예배 인도자는 미리 노래 목록을 준비해서 예배팀과 함께 검토하고 사전 연습을 한 후에 예배를 인도해야 한다. 어떤 사람들은 예배의 방향을 미리 정하지 않으면 예배가 더 쉽게 흘러갈 거라고 생각한다. 그러나 내 경험에 비추어 보면 이런 식의 막연한 생각과 태도는 예배에서 하나님의 강을 찾는 데 도움을 주기보다는 오히려 회중이 목적 없이 광야를 방황하게 만드는 경우가 많다.

노래 목록을 준비하고 사전 연습을 하면 우리가 하나님의 강을 향해 분명한 목적을 품고 나아가도록 준비시켜 준다. 이 책의 어떤 내용도 예배 준비의 중요성을 부정적으로 해석하는 데 사용해선 안 된다. 그러나 예배를 준비하는 것과 하나님의 강을 따라 즉흥적으로 흘러가는 유연함 사이에는 깊은 긴장감이 있다. 나는 예배에서 준비와 즉흥성을 모두 중요하게 생각한다.

## 작업대WORKBENCH를 준비하라

예배팀이 새로운 곡을 미리 연습하여 숙달하면 상황에 맞추어 자유롭게 활용할 수 있 노래 목록이 확장된다. 이는 마치 숙련된 기술자가 전용 작업대에 새로운 전문 공구를 추가하는 것과 같다. 기술자가 자기 작업대에 최신 공구를 추가할수록 고객의 다양한 요구에 효과적으로 대응할 수 있는 능력도 커진다.

예배팀이 배우는 모든 새로운 노래는 기술자의 새 전문 공구와 같다. 예배 곡은 각각의 특별한 가사가 불러일으키는 독특한 분위기로 예배에서 고유한 역할을 수행한다. 그러므로 예배팀이 보유한 곡의 음악 형식과 가사의 범위가 넓어지면 넓어질수록 회중은 예배에서 하나님의 강에 도착해서 강과 함께 흘러갈 수 있는 준비를 갖추는 것이다.

좋은 노래 목록과 새 곡으로 예배의 흐름에 들어가서 하나님의 강을 찾았다면 우리는 준비한 틀, 노래 목록에서 벗어날 준비가 되어 있어야 한다. 어떤 예배 인도자들은 목요일 밤 사전 연습 때 준비한 곡을 주일 오전 예배 때 모두 불러야 한다고 주장한다. 하지만 실제로 그럴 수도 없고 그래서도 안 된다. 왜 그런지 이유를 설명하겠다.

예를 들어, 정비소에 차의 엔진 오일을 교환하러 갔다고 하자. 차를 맡기고 시간이 흘러 차를 찾으러 왔는데 정작 정비사는 오일 교환이 아니라 타이어를 정렬해 놓았다. 차 주인이 "나는 엔진 오일을 교환하러 왔어요. 타이어는 정렬하지 않아도 된다고요!"라고 말하자 정비사가 이렇게 대답한다. "나는 이번 주 내내 타이어 정렬하는 법을 배웠기 때문에 오늘 정비소에 들어오는 모든 차는 타이어를 정렬하면서 연습할 거예요."

이 얼마나 우스꽝스럽고 말도 안 되는 이야기인가? 하지만 많은 예배 인도자가 주일 오전 예배에 정비공과 똑같은 일을 한다. "우리 예배팀은 목요일 저녁 내내 이 노래를 완벽히 습득하려고 열심히 연습했습니다. 그러니까 여러분도 배우셔야 해요. 곧 이 노래를 좋아하시게 될 겁니다!" 이런 예배 인도자들에게 새 노래는 무조건 불러야 할 숙제일 뿐이며 예배에서 하나님의 강을 찾는 데 도움을 주는지 아닌지는 중요하지 않다.

주의하라. 예배팀이 연습한 새 예배 곡이 무조건 주일 오전 예배에 부르기 좋은 노래는 아니다. 예배에 새 곡을 소개할 수 있도록 예배팀이 능숙하게 연주하고 노래할 준비를 하되, 연습한 곡을 반드시 소개해야만 한다는 마음은 내려놓아라. 만일 주님이 우리가 예상하지 못한 방향으로 예배를 이끄신다면 열심히 연습한 노래도 기꺼이 다음 기회로 미룰 수 있어야 한다. 하나님의 강은 자주 우리를 예상하지 못한 방향으로 이끄신다.

어떤 예배 인도자들은 때때로 특정한 모임에는 특정한 곡이 어울린다는 자기만의 기준이 있다. 어쩌면 그 곡이 자기 곡이기 때문에 그 노래를 부르면 자기 사역을 더 알릴 수 있다는 의도가 깔려 있을지도 모른다. 예배 인도자는 다른 무엇보다 하나님의 강을 추구해야 한다. 만일 그 노래가 당장 하나님의 강을 향해 가는데 필요하지 않다면 다음 예배로 미룰 수 있어야 한다.

준비하면 할수록 준비한 것에서 벗어날 힘이 생긴다. 그러므로 충분한 준비는 우리를 가두지 않고 풀어준다. 노래 목록은 마치 배와 같다. 사전 연습 후에 언제든지 부를 수 있는 노래 목록은 언제든지 다시 돌아갈 수 있는 안전장치이다. 노래 목록이 있으면 언제든 노래 목록으로 돌아갈 수 있기 때문에 배에서 나와 물 위를 걸을 수 있는 용기가 생긴다. 철저한 준비는 하나님의 강이라는 미지의 세계로 나아갈 용기를 준다.

## 적절한 조화를 이루라

좋은 휴가는 어떤 것일까? 나는 좋은 휴가란 계획과 즉흥성이 적절하게 조화된 것이라고 생각한다. 어떤 사람들은 휴가 전체 일정을 시간 단위로 치밀하게 계획한다. 이런 사람들은 많은 일을 할 수 있지만 즉흥적으로 행동할 때 느끼는 즐거움은 누리지 못한다. 반면에 어떤 사람들은 휴가 계획을 전혀 세우지 않기 때문에 결국 아무 일도 못 하고 시간만 낭비할 때가 많다. 내 생각은 이렇다. 휴가를 잘 계획하고 갑작스러운 상황을 대비해서 미리 세운 계획을 변경할 수 있는 유연성을 가져라.

좋은 데이트는 어떤 것일까? 좋은 데이트도 계획과 즉흥성이 적절하게 조화를 이루어야 한다. 데이트를 계획할 때는 열과 성을 다해 구체적으로 계획해야 한다. 예를 들어 같이 영화를 보고

공원을 거닐며 저녁에는 멋진 레스토랑에서 식사한다는 식이다. 하지만 예상치 못한 순간에 모험을 떠날 수 있는 여지를 남겨 두어야 한다. 왜냐하면 계획한 순간보다 예상치 못한 순간에 낭만의 즐거움을 발견할 때가 더 많기 때문이다.

마찬가지로 나는 좋은 예배 경험도 계획과 즉흥성이 적절하게 조화를 이루어야 한다고 믿는다. 계획과 준비는 필수적이지만 예배의 가장 높은 차원은 대부분 하나님의 강과 함께 자연스럽고 즉흥적으로 흘러갈 때 발견할 수 있다.

재즈의 세계를 예로 들어보자. 내가 사는 캔자스시티는 수십 년 전부터 실험적인 재즈(혹은 아방가르드 재즈, 프리 재즈라고도 한다-편집자 주)의 본고장으로 명성을 떨쳤다. 교향악단이 캔자스시티에 와서 공연을 마치면 교향악단 연주자들은 바인 스트리트의 재즈 클럽 중 한 곳에서 모험을 즐기곤 했다.

당시에는 재즈 밴드가 무대 위에 추가로 색소폰이나 트럼펫 같은 악기를 올려놓아서 관객이 무대 위로 올라와 밴드와 함께 연주할 수 있었다. 클럽에 교향악단 연주자들이 등장하면 본격적인 경연이 펼쳐진다. 재즈 연주자들이 이길까 아니면 교향악단 연주자들이 이길까? 재즈 연주자들은 일정한 규칙으로 반복하는 재즈 리프를 연주하며 즉흥 연주의 세계로 들어가서 교향악단 연주자들에게 패배와 굴욕을 안겨주기 위해 노력했다.

재즈의 즉흥 연주는 마치 정글 탐험처럼 변화무쌍해서 틀리지 않고 얼마나 멀리까지 가는지를 지켜보는 것이 정말 짜릿했다. 원래 재즈는 잘 짜인 음악 규칙에서 시작하지만, 경계의 끝에서 규칙에 얽매이지 않고 가능성의 한계를 최대한 밀어붙일 때 가장 큰 힘을 얻는다. 이것이 재즈 본질이다. 언젠가 TV에서 본 재즈 다큐멘터리는 마지막에 심오한 말을 남기며 끝났다.

"인생은 재즈와 매우 비슷합니다. 즉흥적으로 연주할 때 가장 좋습니다."

예배도 마찬가지이다. 체계를 갖추고 철저히 준비하는 것도 중요하지만, 준비라는 이름의 배에서 내려 그 순간의 즉흥적인 열정 속에서 주 예수님과 함께할 때 하나님의 강이 주는 영광을 가장 잘 발견할 수 있다. 그래서 나는 이렇게 조언한다. 노래 목록을 철저히 준비하고 강물 사냥RIVER-HUNTING을 시작하라.


## 준비를 넘어서

예배는 준비를 뛰어넘어야 한다. 그렇지 않으면 예배에 남는 것은 '노래 시간'뿐이다. 노래 시간은 끝날 때까지 노래 목록을 따라 차례대로 노래하는 것이며 그 이상도, 그 이하도 아니다.

우리는 "아, 나는 이 노래가 정말 좋아요!"라고 말하며 그 노래를 노래 목록에 추가한다. "이번에 영국에서 새로 나온 앨범에 환상적인 노래가 있어요." 그리고 이 노래도 추가한다. "호주에서 온 이 예배 곡도 정말 멋져요!" 이 노래도 추가한다. "빈야드에서 새로 나온 이 곡도 빼놓지 마세요!" 이 노래도 추가한다. "애틀랜타에서 나온 새 앨범의 블랙 가스펠도 정말 좋아요." 이 노래도 추가한다.

이렇게 우리는 여기저기에서 다양한 예배자들의 예배 표현을 가져와서 노래 목록을 꾸미고 주일 오전 예배 때에 순서대로 노래한 후 이것을 예배라고 부른다. 아니다, 이건 예배가 아니라 노래 시간일 뿐이다.

우리는 기억해야 한다. 하나님의 강을 찾기 전까지는 예배가 아니다. 다른 사람의 예배를 따라 부르는 한 그것은 단순히 또 다른 노래일 뿐이다. 내 영혼 깊은 곳에 어떤 일이 일어나기 전까지는 진짜 예배가 아니다. 그래서 참된 예배를 드리려면 노래를 초월해야 한다.

노래 시간이 참된 예배가 되려면 영적인 차원에서 변화가 일어나야 하며 하나님의 임재로 들어가는 문턱을 넘어야 한다. 하나님의 자녀들의 마음 속에 뜨겁게 살아 움직이는 무언가를 발견해야 한다. 우리가 노래 너머에 계시는 하나님을 만나기 전까지는 참된 예배라고 할 수 없다.

## 모든 것을 위한 시간

나는 꽤 많은 교회를 방문하면서 상당수의 예배팀이 예배 시작 전 15분을 예배 곡을 음악적으로 맞추는 데 사용하는 모습을 보고 놀랐다. 이제 예배까지 겨우 15분 남았는데 그 중요한 시간에 예배팀은 각 곡의 도입부를 몇 번 더 연습하거나 노래의 화음을 맞추거나 베이스 연주자가 코드 진행을 적절하게 연주하는지 확인하는 데 허비한다. 나는 그들에게 이렇게 말하고 싶다. "당신은 지금 정말 중요한 것을 놓쳤습니다."

모든 신자가 하나님의 강을 원한다. 하지만 탄탄한 화음과 깔끔한 베이스 진행만으로는 하나님의 강을 찾을 수 없다. 우리를 하나님의 강으로 인도하는 것은 무엇인가? "만군의 여호와께서 말씀하시되 이는 힘으로 되지 아니하며 능력으로 되지 아니하고 오직 나의 영으로 되느니라."(슥 4:6) 강은 하나님의 것이다. 탁월한 실력과 많은 연습이 하나님의 강을 만들지 못한다. 가장 중요한 결론은 연습보다 기도가 더 중요하다는 사실이다.

그러면 언제 연습해야 하는가? 예배팀은 주중 저녁 시간이나 서로 맞출 수 있는 시간을 내서 사전 연습을 충분히 해야 한다. 하지만 예배 시작 직전은 기도로 성령님의 우물을 파는 시간이며, 바로 이때가 열정적으로 중보 기도로 우리 마음을 주님의 마음에 맞추어야 할 시간이다.

예배팀이 요한복음 15:5의 "나를 떠나서는 너희가 아무것도 할 수 없음이라"라는 말씀을 진실한 마음으로 받아들인다면 예배 전 남은 시간을 온 마음 다해 사랑하는 주님께 의지하는 시간으로 삼아야 한다. 잊지 말라, **오직 주님만이 우리를 강으로 인도하신다.**

주 님 의  임 재 의  강 으 로  뛰 어 들 라

# Following
## *The River*

**a vision for corporate worship**
회중 예배를 위한 비전

# 06

# 예배 인도인가, 노래 인도인가?

LEADING WORSHIP OR LEADING SONGS?

예배<sub>WORSHIP SERVICE</sub>와 노래 시간<sub>SONG SERVICE</sub>은 다르다. 이것은 내가 소위 '모방가<sub>COPYIST</sub>'라고 부르는 사람과 음악가의 차이점과 같다.

## 음악가 vs 모방가

모방가는 진정한 음악가를 흉내 내는 방법을 배운 사람이다. 우리는 아이들이 어릴 때부터 모방가가 되도록 교육한다. 악보를 하나 주고 거기에 나오는 음을 그대로 따라 하도록 가르친다. 아이들은 어릴 때부터 악보에 나오는 대로만 연주한다. 어른들은 아이들이 악보의 모든 음을 보고 머릿속에서 손가락으로, 손가락에서 악기로 연주할 수 있을 때까지 가르치고 연습하게 한다. 그 결과, 짜잔~하고 음악이 나오는 것처럼 보인다! 우리 귀에는 아이들의 연주가 원곡자가 곡과 똑같이 아름답게 들린다.

이 아이들이 커서 학생이 되어 악보를 보고 그대로 연주하는데 능숙해지면 우리는 이들을 음악가라고 부른다. 하지만 이 학생들은 원곡자가 처음 음악을 만들 때 경험한 창작 과정에 들어가지못했기 때문에 진짜 음악가가 아니라 모방가일 뿐이다. 모방가의역할은 전달받은 내용을 흠잡을 데 없이 정확하게 재현하는 것이다. 그런 점에서 모방가는 법정 속기사나 데이터 입력 업무 종사자와도 비슷하다. 데이터 입력 업무에 창의성은 필요 없으며 만에 하나 창의성을 발휘하면 해고당할 수도 있다.

간혹 젊은 음악가 지망생들이 창의성을 발휘했다는 이유로해고당하기도 하며 조금이라도 창의성을 발휘해서 정해진 음악을 벗어나면 손가락질을 당한다. "원곡은 안 그렇잖아! 악보대로연주해!" 실제로 우리는 젊은이들이 창의성을 발휘할 수 없도록차단하고 그저 악보대로만 재현하도록 가르친다.

모방가는 모방가를 만든다. 많은 음악 학교의 전문 모방가들이 새로운 모방가를 양성한다. 차라리 어떤 음악 학교는 그저 모방 학교라고 부르는 것이 더 나을지도 모른다.

한번은 내가 성경 대학에서 음악 감독으로 일할 때 학과 과정에 필요한 여성을 면접한 적이 있다. 그 여성은 음악학 박사 학위와 동등한 학력을 갖추고 많은 사람의 추천과 인정을 받았다.나는 그녀의 피아노 솜씨에 감탄했다. 내가 그녀에게 "이제 예배 곡이나 좋아하는 곡을 연주해 보세요."라고 말하자 그녀는 "어떤 곡이요?"라고 대답했다. 나는 "당신이 좋아하는 곡 중에서 아무 곡이나 좋습니다."라고 말했고 그녀는 "그럼, 악보를 주세요."라고 대답했다. 내가 "아니요, 악보는 없어도 됩니다. 그냥 연주해 보세요."라고 말하자 그녀는 당황한 표정을 지으며 애원했다. "그러지 마시고 악보를 주세요." 나는 "아니요, 나는 당신이 악보대로 연주하는 것을 보고 싶은 게 아니라 지금 바로 곡을 연주할 수 있는지 보고 싶은 겁니다."라고 말했다. 그녀는 창백해진 얼굴로 길 잃은 양처럼 건반을 더듬더듬 연주했다. 나는 그녀가 전문 모방가로 훈련받는 동안 아무도 그녀가 진짜 음악가가 되도록 도와주지 않았다는 사실이 정말 안타까웠다.

나는 이런 상황이 정말 비극이라고 생각한다. 수많은 젊은이가 음악 학교에 입학해서 전문 모방가에게 수천만 원을 쏟아부어서 모방가가 되는 법을 배운다. 우리가 그들을 음악가라고 부르는 이유는 원작자가 작곡한 음악을 똑같이 재현하기 때문이다.

훈련된 모방가를 깎아내리려는 의도는 없다. 교회 현장에는 악보를 읽을 줄 아는 사람들에게 감사하는 사람들이 많다. 또한 자신만의 음악을 창작하려고 열심히 노력하는 모방가도 많다. 그럼에도 나는 우리가 모방가를 배출하는 지금의 음악 제도에 조금 더 높은 비전을 품고 도전해야 한다고 생각한다.

모방가는 머리로 작업하지만, 음악가는 마음으로 작업한다. 음악가는 외부에서 배운 지식이 아니라 본능에서 음악을 시작한다. 진짜 음악은 느낌이나 분위기, 감정, 감동, 뜨거운 영감에서 시작한다. 음악가는 남의 음악이 아니라 자신의 음악을 느낀다. 음악가는 영혼에서 솟구치는 울림을 마음에 담아 음표 하나하나에 감정을 불어 넣어 손가락으로 악기를 연주한다.

음악은 음악가의 마음에 담긴 열정을 예술로 전달하는 과정이다. 음악가의 영혼에서 음악이 나온다. 그래서 음악가들은 종종 음악 만드는 과정을 마치 자신의 아기를 출산하는 과정처럼 느낀다. 이것이 음악가들이 자신이 제작한 음악을 향한 비평을 마치 자신을 향한 비평처럼 매우 민감하게 받아들이는 이유다.

## 노래 시간 vs 예배

앞에서 설명한 음악가와 모방가의 차이를 예배와 노래 시간의 차이에 적용해 보자. 노래 시간은 모방가가 다른 사람의 음악을 재생산하는 것처럼 다른 사람의 예배 곡을 차례대로 따라 부른다. 음악가가 내면의 창의적인 용광로에서 음악을 만드는 것처럼 예배는 천국의 제단에서 연료를 공급받아 하나님의 자녀들의 내면에서 타오르는 사랑의 용광로에서 영감을 얻는다. 노래 시간은 회중의 생각을 움직이지만, 예배는 회중의 마음을 움직인다.

예배는 그 자체로 생명력이 있다. 예배에서 하나님을 마음과 마음으로, 영$_{SPRIT}$과 영$_{SPRIT}$으로 만난다. 회중 예배는 영적인 자궁이 되어 강력한 무언가를 생산한다. 회중 예배는 분명한 정체성과 뚜렷한 주제와 추진력이 있는 예배 경험을 만든다. 진통하면 출산을 하는 것처럼 예배자의 내면에 변화가 일어나고(시51:6) 깊은 것이 더 깊은 것을 부른다(시 42:7). 예배에서 사람의 영이 성령님의 계획과 이끄심에 반응하기 시작하며, 성령님이 우리를 더 깊은 열정으로 이끄실 때 하나님을 향한 우리 사랑이 새롭게 깨어난다.

노래의 원동력은 음악이 아닌 사람 내면의 영에서 시작한다. 회중 예배는 우리는 내면에 생생히 살아있는 하나님을 향한 열정과 사랑을 외부로 표현하기 위한 장이다. 예배에서 하나님의 사랑이 사람의 영과 혼에 부어지면(롬 5:5) 즉흥적인 흐름을 통해 우리는 영혼의 사랑이신 하나님께 진심 어린 예배를 분출한다(요 7:38).

노래 시간이 예배로 바뀌면 생명이 생각에서 마음으로 흘러가서 영혼을 채우는 본질적인 변화가 일어난다. 노래 시간에는 여기저기 산만하게 흩어져 있던 회중의 마음이 예배에서 갑자기 하나 되어 살아 숨 쉬며 성장하는 실체로서 형태를 갖춘다. 예배는 자체적인 상승효과와 활력으로 마치 살아 있는 것처럼 움직인다. 예배는 성령님의 거룩한 물결을 따라 흐르는 독특한 추진력이 있어서 한번 탄력을 얻으면 스스로 살아 역동한다.

예배에 담긴 역동적인 생명력은 자칫 하나님의 법궤를 건드릴지도 모른다는 두려움과 죄책감으로 억누를 수 없는, 하나님을 향한 친밀한 사랑으로 충만한 거룩한 춤과 같다. (삼하 6:1~10에 나오는 웃사의 이야기를 참고하라) 하나님을 향한 거룩한 춤은 품격이 담긴 성숙한 표현으로 자기만의 온전한 완성을 찾아가야 한다.

## 한 이야기

한번은 국제적으로 유명한 작곡자이자 예배 인도자가 초청 사역자 명단에 포함된 예배 컨퍼런스에 강사로 초청받았다. 나는 말씀을 전하는 것도 좋았지만 이 예배 인도자를 주 안에서 한 형제로 만날 수 있다는 사실에 마음이 설레었다.

그 형제는 저녁 예배를 모두 인도할 예정이었고 나는 진심으로 그 예배를 기대했다. 이 형제는 작곡에 놀라운 기름 부음이 있어서 지은 노래마다 전 세계에서 불렸기 때문에 형제의 마음에 주님과 살아 있는 예배의 관계가 있는 것이 확실했다. 나는 이 형제가 인도하는 예배를 직접 경험하고 싶었다.

드디어 저녁 예배를 시작하자 사랑하는 형제는 자신이 작곡한 노래를 모아서 차례대로 노래했다. 우리를 예배가 아닌 "노래 시간"으로 인도한 것이다! 형제가 부른 노래들은 의심의 여지 없이 하나님의 강의 흐름에서 나왔지만, 그렇게 귀한 곡을 모아 차례대로 부르자 하나님의 강은 흐르지 않았으며 우리는 그저 철지난 좋은 노래를 불렀을 뿐이었다.

내 생각에 그 형제는 기름 부은 곡을 쓸 수 있었지만, 기름 부은 예배를 인도하는 단계로는 전환하지 못한 것 같았다. 그 형제는 은밀한 곳으로 나아가서 하나님과 나누는 친밀한 교제가 무엇인지 알았다. 깊은 예배로 들어가서 드린 참된 예배의 결과에서 오는 생명력이 자신의 마음을 움직여 진정한 예배를 기름 부은 곡으로 표현했다. 실제로 그 형제가 작곡한 노래들은 전 세계 교회가 영적으로 무장하도록 도왔다. 하지만 그 형제는 강단에 올라와서 예수님과의 친밀한 교제와 영적인 결실이 있는 예배를 드리는 대신 단순히 자신이 작곡한 노래를 열심히 불렀다.

하나님은 우리를 노래 목록 시간에서 구출하기를 원하신다. 그리스도의 신부가 주님께 사랑을 드리기 위해 모이는 것처럼 우리도 예수님과 역동적인 사랑의 관계라는 생생한 실재 외에 더 작은 것에 안주하지 말아야 한다.

# 07

# 영광의 융단을 짜다

WEAVING A GLORIOUS TAPESTRY

한 가지 질문을 하고 싶다. 교회에 함께 모여 예배할 시간에
그냥 집에 머물면서 예배 CD를 틀어놓고 개인적으로 주님을 예
배하면 어떨까? 어떻게 생각하는가? 요즘에는 시중에 살 수 있는
훌륭한 예배 CD가 많아서 교회에서 예배할 때보다 훨씬 더 수준
높은 음악을 집에서도 들을 수 있다. 집에서 고품질 CD를 들으
며 예배할 수 있는 굳이 교회에 가야 하는가?

회중 예배 대신 집에서 CD로 예배하면 안 되는 이유를 알려
주겠다. 예배 CD는 직선으로 진행한다. 노래를 한 곡, 한 곡 차
례로 재생한다. CD로는 절대 하나님의 강을 찾을 수 없다. 물론
약간 은혜를 받을 수 있지만 에스겔 47장에 나오는 강물에서 헤
엄칠 수는 없다. 하나님의 강을 찾으려면 CD에 담긴 직선의 흐
름을 지나 회중 예배에 흐르는 창의적인 강물로 들어가야 한다.

## CD 증후군

지난 25년 동안 그리스도의 몸 된 교회의 음악은 엄청난 수준으로 발전했다. 만일 당신이 타임머신을 타고 미국에서 20년 전 또는 25년 전에 드린 일반적인 예배로 돌아간다면 과거의 음악 수준과 현대 음악의 수준 차이 때문에 굉장한 문화 충격을 경험할 것이다. 과거에 비하면 현대 음악은 차원이 달라졌다. 최근 몇 년간 교회의 음악 수준이 놀랍게 좋아진 이유는 무엇일까?

나는 그 이유가 호산나 인테그리티, 빈야드 뮤직, 마라나타 뮤직, 힐송, 워십투게더 등 예배 CD를 출시하는 수많은 기획사와 음반사들 때문이라고 생각한다.

25년 전 예배 CD가 쏟아져 나오자, 성도들은 교회로 가는 차 안에서 예배 CD를 틀고 탁월한 연주자들이 녹음한 음악에 맞춰 차가 좌우로 흔들릴 정도로 기쁨의 어깨춤을 추면서 교회에 도착하면 예배실 강단 위의 형편없는 실력의 예배팀을 보고는 실망했다. 우울한 예배가 끝나고 차를 타고 집에 올 때는 다시 예배 CD를 틀고 흥겹게 어깨춤을 추며 돌아왔다.

예배 인도자들은 깜짝 놀랐다. "이거 봐, 지금 우리는 CD와 경쟁하는 거야!" 그러자 누군가가 말했다. "이제 우리도 연습해야겠어." 미국의 예배 사역자들은 사람들 앞에서 체면을 지키기 위해서라도 음악을 연습해야 했다. 주님은 이 노력을 존중하셨고 교회의 음악 수준이 급격하게 좋아진 결과 얼마 지나지 않아 많은 예배팀이 시중에 나온 예배 CD의 수준을 따라잡았다.

하지만 교회에 또 다른 문제가 생겼다. 나는 이 문제를 CD 중후군이라고 부른다. 많은 교회의 예배 음악 수준이 세련되고 매끄러워서 실제로 주일 아침 예배를 녹음하여 CD로 판매해도 손색이 없을 정도였다! 음악의 도입부는 빈틈이 없고, 전조는 자연스러우며, 화성도 흠잡을 데 없고, 음악도 탁월하며, 간주는 인상적이고, 결말은 거의 예술 작품 수준이었다.

교회 음악이 이렇게 좋아졌는데 도대체 뭐가 문제란 말인가? 나는 교회에 CD 품질의 음악을 들으려고 가는 것이 아니다. 만일 내가 CD 품질의 음악을 원했다면 그냥 집에서 CD를 들었을 것이다. 내가 교회에 가는 이유는 완전히 다른 이유 때문이다. 나는 거룩한 춤, 신랑과 신부 사이에 살아 숨 쉬는 역동적인 사랑의 교제를 나누기 위해 하나님의 집에 간다. 내가 기도의 집교회에 가는 이유는 예배에서 하나님의 강을 만나고 싶기 때문이다.

우리가 하나님의 자녀들과 함께 예배하는 이유는 하나님의 강이 주는 영광을 붙잡기 위해서이다. 우리는 언제 하나님의 강을 만날지 모르기 때문에 매주 실망할 위험을 감수하면서 계속 모여 예배한다. "오늘은 아니구나. 어쩔 수 없지. 다음 기회를 기다리자." 우리는 이 땅에서 천국, 하나님의 강을 조금이라도 더 경험할 수 있기를 소망하며 매주 회중 예배로 모인다.

예수님이 부활하신 날, 실망한 제자들이 모인 곳에 예수님이 나타나셨을 때 도마 사도는 그 자리에 없었다. 어쩌면 도마는 너무 바빴거나 혹은 정신이 산만해서 미처 참석하지 못했을 수 있다. 이유가 무엇이든 도마는 예수님을 만나지 못했다. 우리도 교회 예배를 빠지면 언제든지 도마처럼 될 수 있다.

나는 예수님이 나타나시는 곳에 있고 싶다! 나는 하나님의 자녀가 모인 곳에 하나님의 영광이 천둥처럼 임할 때 그곳에 있을 수만 있다면, 수천 번의 실망도 감수할 것이다.

## 예배의 융단

모든 회중 예배는 지구 역사상 단 한 번도 본 적 없으며 앞으로도 다시 볼 수 없는 사랑하는 하나님과의 살아 숨 쉬는 사랑의 교류이다. 왜 그럴까? 세계 역사상 이렇게 특정한 사람들이 기존의 사고방식과 태도와 현재 삶의 문제에서 오는 감정적인 문제를 가진 채로 함께 모인 적이 없었기 때문이다. 따라서 우리가 하나님의 보좌 앞에서 함께 드리는 예배의 성격과 주제는 지금까지 드린 그 어떤 예배와도 다를 수밖에 없다. 성도들이 함께 모여 예배로 하나님의 마음을 움직일 때, 그 내용과 특색에서 절대적으로 독특한 예배의 융단<sub>TAPESTRY OF WORSHIP</sub>이 나타나기 시작한다.

모든 예배는 현장에서 매번 새로운 예배의 융단을 만든다. 우리가 함께 모여 드리는 예배는 독특하고 생생하며 즉각적이고 신선한 융단을 온 회중이 함께 만드는 과정이다. 예배를 시작할 때 융단의 모양이 어떻게 완성될지는 아무도 모른다. 그러나 우리가 하나님의 강에 들어가면, 회중 예배의 상호 작용을 통해 매력적인 아름다움으로 반짝반짝 빛나는 사랑의 융단이 나타난다.

모든 예배의 강조점과 분위기와 방향은 완전히 다르고 독특하다. 우리가 예배 시간이 끝날 때까지 기다리면 우리는 하나님의 사랑을 충만하게 받고, 주님께 우리 사랑을 올려 드리며, 주님의 강력한 은혜로 세상에 나아갈 힘을 얻었다는 사실을 분명하게 깨달을 수 있다. 예배의 융단을 완성하면 모두가 성령님이 교회에 어떻게 말씀하셨는지 분명히 이해하게 된다.

회중 예배의 융단을 완성하려면 모든 사람이 가진 실이 필요하다. 그러므로 소극적인 몇 사람의 실이 빠지면 회중 예배 경험은 충만함에 이르지 못한다.

● 예배 인도자는 자신의 실을 기꺼이 제공해야 한다. 예배 인도자가 노래 목록에 지나치게 얽매여서 배에서 나와 하나님의 강과 함께 나아가기를 두려워하면 예배의 융단을 완성할 수 없다.

● 목사와 장로들도 자신의 실을 제공해야 한다. 목사와 장로들이 "지금은 예배 인도자의 순서니까 나는 좀 쉬어야 겠어"라고 생각하면 성령님을 의지하며 자신의 실을 제공 하지 않게 된다.

● 예배팀 싱어들의 실도 필요하다. 싱어들이 "나에게는 예언적인 기름 부음이 없으니까 그냥 악보대로만 노래할 래"라고 말한다면 우리는 예배의 중요한 순간을 놓치고 만 다. 하나님의 집을 섬기는 모든 싱어들이여, 여러분에게는 예언적인 기름 부음이 있다! 당신이 원하든 원하지 않든 하나님은 당신을 주님의 궁정에서 노래로 예언하도록 부 르셨다(삼상 10:5~6). 만일 육신적인 불안함이 당신을 뒤덮 는다면 회개하고 실을 꺼내서 예배의 융단을 엮는 싱어의 역할을 기꺼이 감당하라.

● 예배팀 연주자에게는 예언적인 실이 있다. 어떤 음악가 는 "하지만 저는 예언적이지 않습니다"라고 불평할지도 모 른다. 미안하지만 하나님은 이미 당신을 예언적인 기름 부 음으로 악기를 연주하도록 기름 부으셨다(대상 25:1). 하나 님은 부르심과 함께 그 부르심을 완수할 수 있는 은혜도 주신다. 예언적인 싱어와 연주자들이여, 여러분은 종종 선

택의 갈림길에 설 것이다. 편안한 곳에 머물면서 안전하게만 연주할 것인가 아니면 예언적인 기름 부음으로 회중이 하나님의 강에 들어가도록 이끌 것인가? 만일 당신이 주저한다면 회중은 은혜를 누릴 기회를 잃게 될 것이다.

● 마지막으로, 예배의 융단에 가장 큰 공헌을 하는 사람들은 회중이다. 모든 성도는 각자 자기만의 실이 있다. 신자 중 한 명이라도 예배에 소극적이거나 혹은 아예 빠진다면 예배의 융단을 완성하지 못하고 우리가 하나님의 강에서 경험할 수 있는 "진정한 실재" 안으로 결코 들어가지 못한다. 예배의 융단을 완성하려면 모든 사람의 실이 필요하다!

이런 역동적인 특성 때문에 현대 예배 인도자들은 이전 세대의 예배 인도자들보다 더 자기를 낮추고 겸손한 마음과 열린 태도를 지녀야 한다. 예배 인도자는 다른 사람들이 예배에 참여할 기회를 주어야 한다. 이 기회는 예배 인도 중에 잠시 멈추는 순간에 성취된다. 예배 인도자는 겸손히 자신을 낮추어 성령님이 이끄시는 회중이나 예배팀의 다른 구성원을 통해 예배에 하나님이 역동적으로 역사하시도록 해야 한다.

회중 예배는 CD 수준의 곡을 매끄럽게 연주하는 것 그 이상이다. 회중 예배는 모든 구성원이 각자의 몫을 감당하며 신랑이신 주님과 함께 호흡하는 사랑의 교제이다. 예수님이 우리에게 역사하시는 순간, 예배는 거룩하신 하나님과의 폭발적인 만남으로 변한다. 모든 회중이 며칠 동안 생생하게 기억할 만큼 하나님과의 확실하고 강렬한 만남은 모든 사람이 적극적으로 참여하는 예배의 융단이 왜 중요한지 우리 마음에 새기고, 적극적인 순종과 우러나오는 사랑으로 주님께 더 자유롭고 온전히 응답하게 한다.

우리의 회중 예배 시간이 성령님의 강물처럼 예측할 수 없는 흐름으로 짜인 잊지 못할 예배의 융단을 완성할 때까지 만족하지 말고 전진하라.

주님의 임재의 강으로 뛰어들라

**Following**
*The River*

**a vision for corporate worship**
회중 예배를 위한 비전

# 08

# 예배 전쟁

## WORSHIP WARS

오늘날 교회에는 예배를 둘러싼 내전ₑₗᵥᵢₗ ᵂₐᵣ이 벌어지고 있다. 예배 사역은 교회에서 가장 많은 항의와 불평을 받는 논란의 대상이다. 교회 안의 어느 한 편이 예배를 좋아하고 만족하면 다른 한 편에는 싫어하고 불만스러워하는 사람들이 항상 존재한다.

확실한 것은 예배 전쟁이 오순절 교단과 침례교, 감리교와 장로교, 파이프 오르간과 통기타, 록 음악과 컨트리 음악의 전쟁이 아니라는 것이다. 그렇다면 예배 전쟁의 실제 격전지는 '어디인가? 예배 전쟁은 바로 옛 노래와 새 노래 사이에서 일어난다.

## 옛 노래의 아름다움

옛 노래는 참된 예배에 꼭 필요한 요소로서 다음처럼 훌륭한 특징들을 가지고 있다.

● 안정성<sub>STABILITY</sub> : 옛 노래는 세월의 풍파를 견디고 격렬한 폭풍을 이기는 힘에서 나오는 안정감이 있다.

● 연결성<sub>CONTINUITY</sub> : 옛 노래는 오늘날의 각기 다른 3세대가 한목소리로 하나님께 영광을 돌리도록 서로를 연결한다.

● 어휘<sub>VOCABULARY</sub> : 옛 노래는 고귀한 믿음의 진리를 명확하게 전달하는 힘이 있다.

● 역사성<sub>HISTORICITY</sub> : 옛 노래는 믿음의 선조들의 풍부한 유산에 뿌리를 두고 우리가 그 유산을 발견하게 하며 여러 세대에 걸친 하나님의 교회라는 정체성에 우리를 연결한다.

● 정통성<sub>ORTHODOXY</sub> : 옛 노래는 교회가 검증된 신학과 교리를 바탕으로 찬양할 수 있는 표현을 제공한다.

● 안전함<sub>SAFETY</sub> : 옛 노래는 우리에게 친숙하므로 큰 안정감과 편안함을 준다.

● 만족감<sub>SATISFACTION</sub> : 옛 노래를 한 번이라도 들어본 사람은 "옛것이 더 낫다"(눅 5:39 참조)라고 말하며 새 노래를 원하지 않을 정도로 옛 노래는 영혼을 만족하게 하는 힘이 있다.

## 옛 노래와 새 노래의 역할

옛 노래는 교회의 예배 생활에서 매우 중요하지만, 우리 노래가 모두 옛 노래라면 오히려 하나님이 이 땅에서 항상 행하시는 새 일(사 43:19)을 위한 도전에서 물러나게 하는 경향이 있다.

옛 노래에만 안주하면 앞에서 설명한 다양한 혜택을 누릴 수 있지만 한 가지 부족한 차원이 생긴다. 새 노래는 옛 노래에 일반적으로 부족한 한 가지인 '힘'을 공급한다. 간혹 옛 노래만으로도 강력한 예배를 드릴 수 있지만 이는 매우 예외적인 경우이다. 주체할 수 없을 정도로 제한 없는 강력한 예배의 힘은 대부분 새 노래에서 봉인이 풀어진다.

종종 새 노래에는 '돌파의 기름 부음<sub>BREAKER ANOINTING</sub>'이 역사한다. 미가서 2:13은 장벽을 돌파하고 하나님의 자녀들을 하나님 나라의 삶의 다음 차원으로 인도하는 천국의 은혜인 돌파의 기름 부음을 아주 잘 묘사한다. 모든 새 노래가 항상 장벽을 돌파하는 것은 아니지만 새 노래로 들어갈 때 돌파구를 찾을 확률이 가장 높다.

에베소서 5:19의 표현을 빌리면 시와 찬미는 모든 사람을 하나로 묶어 하나님의 강으로 인도하지만, 강을 건너 깊은 바다로 인도하는 것은 신령한 노래(새 노래)다. 하지만 새 노래가 항상 강력하다는 말은 아니다. 나는 많은 예배에 참석해서 새 노래를 불렀지만, 힘없는 예배도 많았다.

새 노래도 옛 노래만큼 밋밋하고 무미건조해질 수 있다. 그러나 성령님이 예배에 생기를 불어넣으시면 새 노래는 영적인 상황을 바꾸는 능력으로 충만해진다.

긍정적으로 보면 새 노래에는 예배의 힘과 능력이 담겨 있으며, 부정적으로 보면 새 노래는 종종 불안정하고 예측할 수 없으며 소란스럽고 혼란스러워 보인다. 그래서 모든 것을 미리 알고 통제하고 싶어 하는 사람들에게 새 노래는 폭발적이고 불안정하며 모든 것을 빨아들이는 거친 소용돌이처럼 보인다.

모든 것에는 장단점이 있으며 선택해야 할 때가 있다. 우리는 새 노래의 장점을 위해 어느 시점에서는 불안정한 특성을 기꺼이 감수할지 결정해야 한다. 만일 당신이 소용돌이를 헤쳐 나갈 만큼 용감하다면 새 노래는 하나님 안에서 사는 삶의 목적과 부르심으로 더 깊이 나아갈 힘을 줄 것이다.


## '새 노래'란 무엇인가?

나는 '새 노래'를 크게 두 가지 의미로 정의한다.

● **교회에 처음 소개하는 노래:** 예배 공동체에 어떤 노래를 처음 소개하면 그 곡이 언제 나왔든지 상관없이 새 노래다. 100년 전에 지은 노래일지라도 공동체가 한 번도 들

어보거나 부른 적이 없다면 그 노래는 새 노래다. 특히 공동체에 잘 맞는 새 노래는 그 교회 구성원이 새로 작곡한 노래다. 어쩌면 여러분의 교회에도 최근에 성령님이 말씀하시는 것을 정확하게 포착하고 창의성을 발휘하여 새 노래로 표현할 수 있는 사람이 있을지도 모른다.

● **한 번도 부른 적 없는 노래:** 이 부분에서 새 노래는 정말 흥미로워진다. 예배에 하나님의 강이 흐르기 시작하고 예배자들이 생명수에 담긴 영광과 새롭게 하시는 능력에 붙들리면, 예배자들의 마음에 새로운 일이 일어난다. 과연 무슨 일일까? 예배자의 마음속에 새 노래가 샘솟으며 이 노래를 표현하고 싶다는 간절함이 솟구친다. 우리가 주님의 강물 안에 있을 때 우리 예배는 이미 있는 찬송가와 예배 곡의 가사를 뛰어넘어 새로운 차원으로 들어간다. 갑자기 우리는 '그 순간의 노래', 즉 하나님을 향한 상사병에 빠진 예배자의 마음에서 우러나오는 노래를 표현하고 싶어진다. 운율도 안 맞고 박자도 뒤죽박죽이지만 새롭고 열정적이며 생동감이 넘치는 이런 유형의 새 노래는 우리 마음의 부르짖음을 즉각적으로 표현하는 '지금'의 노래이므로 이전에 한 번도 부른 적 없었고 앞으로도 다시 부를 수 없는 강력한 노래다.

로마서 7:6에서 바울은 "영의 새로운 것"을 "율법 조문의 묵은 것"과 대조한다.

> 이제는 우리가 얽매였던 것에 대하여 죽었으므로 율법에서
> 벗어났으니 이러므로 우리가 영의 새로운 것으로 섬길 것이
> 요 율법 조문의 묵은 것으로 아니 할지니라 (롬 7:6)

바울의 요점은 성령님이 항상 새로우시다는 것이다. 주님의 영이 역사하는 곳에는 항상 새 감동이 있다. 따라서 성령님이 우리 예배를 붙드시면 신자들의 마음속에 새 노래를 부어 주신다. 성령님이 주도하는 예배에는 '새로움'이 있다. 만일 예배에 새로움이 전혀 없다면 뭔가 문제가 있다는 의미이다. 우리가 하나님의 강에 뛰어들면 새 노래가 주체할 수 없이 저절로 흘러나온다.

## 천국의 새 노래와 옛 노래

천국은 새 노래와 옛 노래를 모두 부른다. 계 15:3을 보면 천국에서 모세의 노래를 부르는데, 이 노래는 수천 년 전의 노래이다. 그러나 천국에는 더 오래된 노래가 있다. 바로 계시록 4:8에 나오는 "거룩하다 거룩하다 거룩하다 주 하나님 곧 전능하신 이여 전에도 계셨고 이제도 계시고 장차 오실이시라"라는 노래다.

이 노래는 수백만 년간 하나님의 보좌 앞에서 부른, 산과 언덕보다 더 오래된 노래다. 천국은 옛 노래를 즐겨 부르지만 옛 노래만 부르는 것은 아니다. 천국에서는 새 노래도 부른다.

8 그 두루마리를 취하시매 네 생물과 이십사 장로들이 그 어린 양 앞에 엎드려 각각 거문고와 향이 가득한 금 대접을 가졌으니 이 향은 성도의 기도들이라 9 그들이 새 노래를 불러 이르되 두루마리를 가지시고 그 인봉을 떼기에 합당하시도다 일찍이 죽임을 당하사 각 족속과 방언과 백성과 나라 가운데에서 사람들을 피로 사서 하나님께 드리시고 (계 5:8~9)

천국의 강에서 새 노래와 옛 노래가 모두 흘러나온다. 우리가 하나님의 뜻이 하늘에서와 같이 이 땅에서도 이루어지기를 기도한다면 이 땅 위의 예수님의 교회들도 새 노래와 옛 노래를 모두 불러야 한다고 결론 내리는 것이 매우 자연스럽고 합리적이다. 지혜로운 예배 인도자는 새 노래와 옛 노래를 모두 꺼내서 부를 수 있어야 한다.

예수께서 이르시되 그러므로 천국의 제자 된 서기관마다 마치 새것과 옛것을 그 곳간에서 내오는 집주인과 같으니라 (마 13:52)

## 새 노래와 옛 노래를 함께 다루는 기술

옛 노래는 회중을 공통되고 친숙한 표현으로 하나로 묶어 추진력 있게 흘러가게 한다. 예배 중에 흩어져 있던 회중이 옛 노래를 부르면서 자연스럽게 하나로 연합하는 모습을 본 적이 있는가? 옛 노래는 순식간에 회중을 하나로 모은다.

옛 노래로 하나 된 회중을 새 노래로 인도하면 흐름이 역동적으로 바뀐다. 사람들은 새 노래가 어디로 흘러갈지 모르기 때문에 망설이는 경향이 있어서 새 노래를 처음 부를 때는 분위기가 가라앉는 것처럼 보인다. 회중을 다시 하나로 모으기 위해 방금 부른 새 노래에 잘 맞는 옛 노래를 다시 불러야 할 수도 있다. 그러나 일단 전체 회중이 한마음으로 새 노래를 부르기 시작하면 옛 노래보다 훨씬 더 풍부하고 강력한 기름 부음이 임한다.

새 노래 부르기를 열광적으로 좋아하는 예배 인도자들은 종종 새 노래에 너무 많은 시간을 할애하는 실수를 저지르며, 그 결과 예배의 전반적인 분위기가 가라앉기도 한다. 이런 예배 인도자들은 새 노래를 지나치게 좋아한 나머지 회중이 언제 예배의 흐름에서 멀어지고 흥미를 잃었는지 잘 분별하지 못한다. 어떻게 하면 영적인 흥미를 잃은 회중이 다시 예배에 참여할 수 있을까?

가장 좋은 일반적인 해결책은 옛 노래로 돌아가는 것이다. 옛 노래는 멀어진 회중의 마음을 하나로 모으는 힘이 있다.

하나님의 강이 충만하게 흐르는 은혜로운 예배를 섬기는 예배 인도자들은 대부분 전문성과 지혜로 옛 노래로 회중을 하나로 모은 후 새 노래로 넘치는 힘과 열정을 표현하도록 인도하는 방법을 알고 있다. 회중이 힘과 열정을 충분히 표현했다면 다시 옛 노래로 돌아갈 줄도 안다. 가장 좋은 것은 옛 노래와 새 노래를 지혜롭게 번갈아 부르는 것이다. 효과적인 예배 인도자는 옛 노래와 새 노래 사이에서 균형을 잡을 줄 안다.

옛 노래는 모으고 새 노래는 추진력을 준다. 옛 노래는 회중을 하나로 묶어 함께 나아가게 하고 새 노래는 회중을 더 깊은 물 속으로 밀어 넣는 힘이 있다.

옛 노래와 새 노래 중 어느 것이 더 좋은지 우열을 가려서 한 쪽으로 치우치기보다는 옛 노래와 새 노래를 함께 극대화할 때, 하나님의 강을 찾아 함께 갈 수 있는 최고의 기회를 얻을 것이다.

# 09

# 그레이트풀 데드

GRATEFUL DEAD

나는 앞에서 예배는 단지 형식적인 절차가 아니라 역동적으로 힘 있게 흐르는 살아있는 하나님의 강이라고 말했다. 또 예배는 새 노래와 옛 노래 사이를 은혜롭고 자연스럽게 오가는 것이라고도 했다. 나는 여러분이 이 내용을 잘 이해할 수 있는 좋은 예를 나누려고 한다. 이 예의 주인공은 비기독교인 록밴드이다. 여러분이 이 내용을 쭉 읽어보면 하나님의 강을 이해하는 데 상당히 큰 도움을 얻을 것이다.

로큰롤 시대에서 가장 흥미로운 사건은 '그레이트풀 데드'라는 흔치 않은 미국밴드의 출현이다. 이 밴드의 구심점은 혁신적인 코드 구성과 다채로운 화음으로 밴드를 이끌던 기타리스트 제리 가르시아<sub>JERRY GARCIA</sub> 이다. 이 밴드는 1960년대 후반부터 1995년에 팀의 리더 가르시아가 사망할 때까지 정기 순회공연을 했다.

이 밴드는 콘서트에서 익숙한 곡들을 연주하다 어느 순간 갑자기 준비한 곡에서 벗어나 즉흥적인 기타 리프를 연주하면서 음악적으로 잘 맞는 리듬을 찾으면 과감하게 경계를 뛰어넘었다.

드럼연주자는 센박과 여린박의 규칙을 바꾸면서 특이하게 연주했고 기타는 창의적으로 울부짖었으며 건반은 다양한 느낌의 불협화음으로 긴장감을 주었다. 급기야 밴드는 서로 완전히 다른 연주를 할 정도까지 나아가지만 서로의 즉흥성을 주의 깊게 따라가면서 연주를 유지하면서 '그것'을 찾기 시작했다.

'그것'이란 이 밴드의 즉흥 연주 중에 종종 일어나는 일로, '그것'이 일어나면 밴드는 완전히 새로운 추진력을 얻으며 공연장에 감정의 에너지가 크게 요동치고 밴드와 관객을 모두 사로잡는 힘을 통해 마치 콘서트장이 다른 차원으로 이동한 것처럼 새로운 국면으로 도약했다.

'그것'이 무엇이든 간에 이 일이 일어나면 콘서트장은 폭발적인 영적 만남의 제단 그 자체가 된다. 콘서트에 모인 모든 사람이 어떤 선을 넘었고 무언가 바뀌었으며 모두가 우주 의식과 연결하는 가슴 뛰는 축제가 열렸다는 것을 알아차릴 수 있었다.

콘서트가 깊어지면 모든 참석자가 다 같이 춤을 추며 도대체 이 콘서트를 주도하는 것이 밴드인지 관객인지 불분명해졌다. '그것'은 영적이었으며 만져질 듯이 실재했다.

콘서트를 가득 채운 영적인 분위기가 매우 강력했기 때문에 실제로 많은 팬이 이 밴드를 자신의 종교로 삼고 영적인 추종자가 되었다. 추종자들은 자신을 '데드 헤드'라고 불렀으며, 밴드의 리더 가르시아는 비록 본인은 싫어했지만, 많은 사람에게 영적인 지도자로 추앙받았고 '대부'라는 별명으로 불렸다. 팬들은 여럿이 함께 승합차를 타고 도시에서 도시로 밴드를 따라다니며 콘서트에 참여했다. 팬들은 한 콘서트에서 '그것'이 안 일어나면, 즉 영적인 문턱을 넘지 못하면 다음 콘서트에서는 영적 문턱을 넘을 것이라는 희망을 품고 다음 콘서트를 보러 가곤 했다.

일단 콘서트에서 밴드의 연주 중에 전환TRANSITION이 일어나면 콘서트장에 실제로 영적인 힘이 가득 넘쳤다. 밴드는 본능적으로 서로 다음 연주를 어떻게 할지 어떤 노래를 부를지, 다음 코드가 무엇인지 알 수 있었기 때문에 추종자들이 보기에는 마치 밴드 구성원이 서로의 마음을 읽는 것처럼 보였다. 수천 명의 관객의 마음을 손에 쥔 밴드의 무대에서 느껴지는 힘이 정말 대단했다.

전에 데드 헤드였던 사람은 콘서트가 절정에 이르면 관객들이 자발적으로 주머니에 든 것을 서로 나누기 시작했다고 말했다. 그 주머니에 든 것은 거의 다 마약류였지만 어쨌든 서로를 향한 관대함이 관중을 압도한 것은 사실이다. 관객들은 콘서트가 끝나면 끙끙 앓는 소리를 내며 조용히 자리를 빠져나갔다.

## 개인적인 소감

나는 이 밴드의 콘서트에서 어떤 일이 일어났는지 처음 들었을 때 매우 큰 흥미를 느꼈다. 나는 기독교 가정에서 자랐기 때문에 어린 시절에 그레이트풀 데드 콘서트는 물론이거니와 어떤 종류의 세속적인 콘서트에도 가본 적이 없었다. 그래서 이런 종류의 콘서트에서 무슨 일이 일어나는지 전혀 알 수 없었다. 물론 기독교 집회는 참석한 적이 있었기 때문에 거룩한 기름 부음이 압도하는 예배가 무엇인지 알았지만, 세속적인 콘서트에도 비슷한 방식으로 작용하는 가짜 기름 부음이 있다는 사실은 전혀 몰랐다. 그래서 나는 이 현상을 더 자세히 알아보았다.

내 친구는 예수님을 믿기 전 젊은 시절에 다양한 밴드에서 기타를 연주했는데, 당시 모든 밴드의 롤모델은 그레이트풀 데드였다고 말했다. 거의 모든 밴드가 그레이트풀 데드와 같은 종류의 즉흥적인 리듬과 영적인 추진력을 찾으려고 노력했지만, 어떤 이유에선지 그레이트풀 데드 같은 경지에 도달하지 못했다.

이제 여러분에게 한 가지 고백을 하고 싶다. 자랑스럽지는 않지만 나는 1970년대 십 대 시절 질풍노도의 시기에 약 5년간 Top 40 라디오를 꼬박꼬박 들었다. 그래서 나는 웬만한 1970년대 히트곡은 거의 다 알았기 때문에 그레이트풀 데드라는 밴드가 그렇게 유명했다면 나도 한 번쯤 들은 기억이 있었을 것이다.

나는 그레이트풀 데드의 이야기를 들으면서 1970년대 로큰롤 음악의 기억을 되짚어 보았다. "그레이트풀 데드…그레이트풀 데드…. 잠깐만, 그레이트풀 데드의 노래가 뭐였지? 라디오에 나온 적이 있었나?" 아무리 기억을 떠올려도 그레이트풀 데드의 TOP 40 라디오 히트곡은 생각나지 않았다.

그때 친구가 말했다. "그레이트풀 데드는 히트곡이 없어요." 그레이트풀 데드는 히트 앨범도, 히트 싱글도 없었다. 이 밴드는 히트곡을 만드는 능력은 없었지만 라이브 콘서트에 능력이 있었다. 나는 그레이트풀 데드가 단 한 장의 히트 앨범 없이 최소 30년간 전 세계에서 가장 많은 수익을 올린 로큰롤 밴드였다는 사실에 놀라지 않을 수 없었다.

이러한 이유로 현재까지도 팬들은 녹음한 지 35년이 지난 그레이트풀 데드의 콘서트 실황 파일을 판매하거나 교환하는 인터넷 사업을 매우 활발하게 진행하고 있다. 그레이트풀 데드는 팬들이 콘서트장에 휴대용 카세트 녹음기를 가져올 수 있도록 허용했으며 그 결과 지금도 전 세계 팬들이 수많은 자체 녹음 파일을 복제해서 판매한다. 물론 그레이트풀 데드도 스튜디오 앨범을 제작했지만, 팬들이 원하는 것은 콘서트 실황의 다듬어지지 않은 즉흥적인 분위기를 담은 자체 저음질 녹음 파일이었다.

## 다른 강

내가 이 밴드에 흥미를 느낀 또 다른 이유는 '거룩하지 않은 강'이 있다는 사실 때문이다. 나는 예배에 하나님의 거룩한 강이 흐른다는 사실은 알았지만, 거짓의 아비이며 위조의 대가인 사탄이 음악의 힘을 이용해서 분별력 없는 사람들의 마음을 죽음의 강으로 이끄는 방법을 만들었다는 사실은 전혀 몰랐다.

밴드 맴버인 미키 하트는 죽음의 강이 콘서트장을 휩쓸기 시작할 때의 상황을 이렇게 표현했다. "일곱 번째 사람이 나타났다." 나는 친구에게 이 말이 무슨 의미인지 질문했다. 미키 하트가 이 표현을 만들 당시에 밴드 맴버는 6명이었지만 미키 하트는 콘서트를 할 때 밴드 맴버를 초월하는 힘이 존재한다는 사실을 알았기 때문에 밴드 맴버 외의 영적인 존재를 '일곱 번째 사람'이라는 단어로 표현한 것이다. 실제로 콘서트장에는 밴드 맴버를 초월하여 강력한 영향력을 끼치는 영적인 존재가 있었다.

그레이트풀 데드는 다른 강을 발견하고 그 강을 자신을 알리는 데 사용했다. 이 밴드가 이용한 '다른 강'은 분명히 악했지만, 어떤 면에서 나는 이 밴드의 공로가 있다고 생각한다. 비록 긍정적이지는 않았지만, 이 밴드는 오늘날의 교회보다 하나님이 음악에 의도하신 것을 더 많이 발견하고 사용했다. 바로 여기에 신명기 32:21을 적용할 수 있다.

그들이 하나님이 아닌 것으로 내 질투를 일으키며 허무한 것
으로 내 진노를 일으켰으니 나도 백성이 아닌 자로 그들에게
시기가 나게 하며 어리석은 민족으로 그들의 분노를 일으키
리로다 *(신 32:21)*

우리는 하나님의 거대한 강을 차지할 권리가 있음에도 경직
된 예배 순서라는 얕은 물가에 머물면서 음악을 창조하신 하나님
의 온전한 목적을 놓치고 있다.


## 네 번째 사람

이번 장의 핵심은 그레이트풀 데드가 아니다. 이번 장에서 내
가 말하고 싶은 핵심은 '위조품은 진품이 있다는 증거'라는 사실
이다. 세속적인 밴드가 많은 사람에게 가짜 임재 경험을 전달한
이 사건은 하나님 안에서 우리가 명백히 누릴 수 있는 실재, 즉
회중 예배에서 경험할 수 있는 거룩한 영광의 강이 있다는 사실
을 확실하게 증명한다.

세속 밴드는 콘서트장에서 하나님의 강이 아닌 악한 강을 만
났을 때를 "일곱 번째 사람이 나타날 때"라고 표현하지만, 나는
우리가 예배에서 거룩하신 하나님의 임재의 강을 만날 때를 "네
번째 사람이 나타나실 때"라고 부르고 싶다.

느부갓네살 왕이 히브리 노예 세 명을 풀무 불에 던져 넣고 화염 속을 들여다보았을 때 세 명이 멀쩡히 걸어 다닐뿐만 아니라 네 번째 사람의 형상을 보았다. 느부갓네살은 그 네 번째 사람이 하나님의 아들처럼 보였다고 말했다. 왜냐하면 그분이 바로 하나님의 아들이셨기 때문이다!

24 그때에 느부갓네살 왕이 깜짝 놀라 급히 일어나 자기의 조언자들에게 말하여 이르되, 우리가 세 사람을 결박하여 불 한 가운데로 던지지 아니하였느냐? 하니 그들이 왕에게 대답하여 이르되, 오 왕이여, 옳소이다, 하매 25 왕이 응답하여 이르되, 보라, 내가 보니 결박이 풀린 네 사람이 불 한가운데서 걷고 있는데 그들이 아무 해도 입지 아니하였고 그 넷째의 모양은 하나님의 아들과 같도다, 하더라. *(단 3:24~25, 킹흠정)*

하나님 안에 불타는 강이 있다. 불타는 강은 네 번째 사람이신 예수 그리스도가 자신을 나타내는 화염의 장소이다. 풀무 불에서 히브리 사람들의 손을 묶은 줄이 다 타 버린 것처럼 하나님의 불 속에서 우리 모든 속박이 불타 사라지고, 하나님의 영광이 나타나며, 치유와 기적이 일어나고, 마귀의 올무에서 자유롭게 되는 권능이 임하며, 불신자들이 회개하고 엎드려 죄를 고백하고 집회장을 나가며 "하나님이 참으로 너희 가운데 계신다"라고 말하게 하는 거룩한 기름 부음이 있다(고전 14:25).


오 하나님, 우리가 이 강물을 영원히 마시게 하소서!

주님의 임재의 강으로 뛰어들라

**Following** *The River*

**a vision for corporate worship**
회중 예배를 위한 비전

# 10

# 유리 바다의 예배

SEA OF GLASS WORSHIP

이제 우리가 진정으로 원하는 유리 바다의 예배(계 4:6, 15:2)를 알아보자. 우리 마음에 천국이 있으며 이 천국을 향한 간절한 소망이 있다(전 3:11). 이 소망은 하나님이 우리 영혼에 부어 주신 것이므로 우리 힘으로는 이룰 수 없으며 오직 하나님만이 이루실 수 있다.

우리는 영광중에 거대한 유리 바다 위에 서서 전능하신 하나님의 보좌를 바라보며, 주님의 불이 우리 영에 흘러들어와 예수 그리스도의 얼굴을 향해 극렬한 열정으로 불타올라서 감사와 감격으로 우리가 받은 놀라운 사랑을 주님께 되돌려 드리기를 간절히 원한다. 우리는 유리 바다의 예배를 위해 창조되었으므로 유리 바다의 예배 외에는 그 어떤 것도 우리를 만족시킬 수 없다. 사도 요한은 유리 바다의 예배를 이렇게 묘사한다.

9 이 일 후에 내가 보니 각 나라와 족속과 백성과 방언에서 아무도 능히 셀 수 없는 큰 무리가 나와 흰옷을 입고 손에 종려 가지를 들고 보좌 앞과 어린 양 앞에 서서 10 큰 소리로 외쳐 이르되 구원하심이 보좌에 앉으신 우리 하나님과 어린 양에게 있도다 하니 *(계 7:9~10)*

우선 요한이 천국에서 큰 무리를 본 것에 주목하자. 천국 예배는 회중이 주도하는 회중 중심의 예배다. 반면에 이 땅의 현대적인 예배는 강단이 주도하는 강단 중심의 예배다. 그래서 천국의 충만한 예배는 우리의 일반적인 단조로운 예배와 극명한 대조를 보여준다.

나는 가끔 요한이 성령님께 사로잡혀 우리가 드리는 현대 예배에 참석했다면 어떻게 기록했을지 무척 궁금하다. 천국 예배와 현대 예배를 비교하면 정말 재미있지 않을까?

"그리고 나 요한이 보니 앞에 강단이 있었다. 강단에는 마이크가 있었고 마이크 앞에는 인도자가 있었다. 인도자 약간 뒤에 각자 마이크를 든 네 명의 싱어가 있었다. 인도자 마이크는 다른 사람보다 소리가 더 컸다. 그리고 키보드와 기타, 드럼과 스피커가 보였다. 강단에서 나는 소리는 매우 커서 회중의 노랫소리를 들을 수 없었다."

비록 내가 조금 우스꽝스럽게 표현했지만, 현대적인 예배를 비판하려는 것이 아니라는 점을 이해해 주기 바란다. 나는 우리 모두 최선을 다하고 있다는 것을 잘 안다. 나는 앞의 비유를 통해 천국 예배와 현대 예배의 중요한 차이점인 천국 예배는 회중 중심이고 우리 예배는 강단 중심이라는 점을 강조하려는 것이다. 현대적인 예배는 성공적인 예배를 드려야 한다는 목표를 위해 시작부터 끝까지 인도자와 음악가에게 지나치게 의존한다.

요한계시록의 천국 예배를 보면 신기하게도 예배 인도자가 없다는 사실을 발견한다! 천국에서는 회중에게 "모두 손을 듭시다." "목소리로만 찬양합시다." "모든 것을 다해 주님을 경배합시다."라고 말해줄 예배 인도자가 필요 없다. 이유는 단순하다.

우리가 유리 바다 위에 서서 불의 강이 우리 영혼에 부어지면, 이미 우리는 자발적으로 예배하고 있을 것이기 때문이다. 천국 예배는 주님을 예배하자고 인도할 사람이 필요 없는 예배다!

어떻게 이럴 수 있을까? 천국에서는 우리 내면에 생수의 강이 솟구치고, 보좌 위에 앉으신 하나님의 얼굴을 바라볼 수 있으며, 보좌에서 영광의 물결이 뿜어져 나와서 우리 마음에 불을 붙이고, 우리 주위에는 불타는 사람들로 둘러싸여 있기 때문이다. 우리는 유리 바다 위에서 평생 살면서 느끼지 못한 "살아있음"을 느끼며 영생을 만끽할 것이다.

우리는 천국에서 마침내 예배하라고 재촉하는 사람이 없는 자발적인 예배, 하나님의 강이 우리를 인도하는 예배를 드릴 것이다. 천국에서는 하나님의 강이 예배 인도자다.

## 큰 장애물

천국에서 드리는 유리 바다의 예배를 이 땅에서도 경험하려면 우리가 반드시 극복하고 바꾸어야 할 큰 장애물이 하나 있다. 이것이 유일한 장애물은 아니지만, 내가 판단하기에는 가장 큰 장애물이라고 할 수 있다. 오늘날 우리가 천국 예배를 경험하는 데 가장 크고 강력한 장애물은 회중의 전반적인 **수동성**이다.

오해하지 말라. 나는 일반 회중의 모습에 화가 난 것이 아니다. 그저 우리가 하나님께 최선을 다해 나갈 수 있도록 이 문제를 밝은 빛 앞에 가져와 공개적으로 드러낼 뿐이다.

나는 스스로 "왜 예배에 참여한 회중은 항상 수동적이고 소극적으로 강단에서 예배의 방향을 알려주고 떠밀어 주기만 바라는 걸까?"라고 질문해 보았다. 답은 아마도 복잡하고 다양하겠지만 나름대로 몇 가지 이유를 정리해 보았다.

● 많은 사람에게 소심함이라는 문제가 있다. 소심하다는 의미는 예배에서 성령님의 인도에 거칠게 반항하고 저항한다

는 뜻이 아니다. 오히려 소심한 사람들은 두려움이나 불확실성 때문에 숨는 수줍은 비둘기와 같다. 그러므로 사랑하는 주님은 우리를 향해 손짓하시며 "바위틈 낭떠러지 은밀한 곳에 있는 나의 비둘기야 내가 네 얼굴을 보게 하라 네 소리를 듣게 하라 네 소리는 부드럽고 네 얼굴은 아름답구나"(아 2:14)라고 말씀하신다. 우리는 하나님의 자녀가 되는 권세를 받았다(요 1:12). 하나님은 우리가 주님의 임재 안에서 안심하고 고개를 들어 담대하게 목소리 높이기를 간절히 원하신다.

● 어떤 예배자들은 예배에 영적으로 냉랭하고 하나님과 다소 멀어진 마음으로 참석한다. 이 사람들은 다시 하나님의 강에 발을 들여놓고 하나님과 연결되기를 바라지만 강단 사역에 의존하여 하나님의 강에 나아가려고 한다.

● 어떤 예배자들은 강단의 예배 인도에 따라 예배에 참여한다. 예배팀이 인도하는 방식이 마음에 들면 적극적으로 예배하고, 마음에 들지 않으면 본능적으로 뒤로 물러선다.

● 사실상 거의 모든 교회 예배가 강단 중심인 상황에서 신자 대부분은 예배 방법에 문제를 제기한 적이 전혀 없다. 회중은 예배팀은 당연히 사람의 마음을 여는 역할이라고 생각한다. 우리가 선호하는 형식이 문화적 표준으로 발전했다.

● 많은 교회의 음향과 건축 구조 자체가 강단이 예배를 인도하고 회중은 따르도록 전략적으로 설계되었다.

● 사람들은 교회에서 질서 정연하게 행동하고 싶어 하기 때문에 강단의 지시에 온순하게 따라야 한다고 생각한다.

우리는 현재 교회에 넓게 퍼진 '강단 위의 소수는 온전하게 능동적으로 참여하고 다수의 회중은 열정 있는 사람부터 무감각한 사람에 이르기까지 넓은 범위로 흩어져 있는 것이 당연하다'라는 사고방식을 거부하고 맞서 싸워야 더 좋은 예배를 드릴 수 있다는 비전을 아직 받지 못했다. 나는 이 책을 통해 지금까지 우리가 예배에서 경험한 것보다 더 많은 것이 우리를 기다린다는 비전을 제시하고자 한다.

## 큰 무리

유리 바다 위의 큰 무리는 100% 적극적으로 예배에 참여한다. 큰 무리의 마음에는 성령님의 능력으로 불의 강이 흐르며 그리스도의 신부로서 신랑이신 하나님을 향한 사랑이 넘치기 때문에 다른 사람이 신부에게 깨어나라고 권면할 필요가 없다. 유리 바다 위의 큰 무리는 각자 주인의식을 품고 예배에 참여한다. 그 무엇도 큰 무리에게서 타오르는 불꽃을 끌 수 없다.

우리 예배에서 이런 역동성을 발휘하려면 회중 스스로가 "큰 무리"라는 정체성을 회복해야 한다. 우리가 유리 바다 위의 큰 무리다! 비록 눈으로 지금 유리 바다를 볼 수 없지만, 우리 눈을 덮은 수건을 제거하면 지금도 회중에서 보좌를 바라보며, 보좌에서 흘러나오는 불로 마음이 뜨거워지는 유리 바다 위에 서 있다는 사실을 깨닫고 깜짝 놀라게 될 것이다.

미래와 지금의 유일한 차이는 우리 눈에 수건이 덮인 채 산다는 것뿐이다. 비록 당장 보이지는 않지만, 우리가 그리스도의 보혈로 지금도 하나님의 권능으로 충만한 열정과 사랑으로 하나님의 보좌 앞에서 불타오르고 있다는 사실은 절대 변하지 않는다. 우리는 하나님 앞에서 거룩한 불로 타오르는 큰 무리다!

우리는 하나님의 임재 안에 사는 사람들이기 때문에 우리를 이끌어 줄 예배 인도자와 무엇을 어떻게 할지 알려줄 예배팀이 없어도 예배할 수 있다. 예배는 우리 존재 이유이며 영원히 할 일이기 때문이다. 지금이야말로 전 세계의 예수 그리스도의 몸 된 교회가 큰 무리의 정체성을 회복해야 할 때다.


## 버튼을 눌러 주기를 기다리는 예배자들

공공 화장실 세면대 앞에 버튼을 누르면 일정량의 액체비누가 나오는 분사기가 달린 것을 본 적이 있는가? 어떤 예배자들은 마치 비누 분사기처럼 예배 인도자가 버튼을 누르면 정해진 양만큼만 예배한다. 그래서 어떤 예배 인도자들은 회중이 계속해서 예배하도록 끊임없이 버튼을 눌러주는 역할이 자신의 운명이라는 사실에 체념하기도 한다.

예배 인도자가 회중의 버튼을 한 번 누를 때마다 회중은 6~10초 정도 반응한다. "뭐라고요? 여러분의 목소리가 안 들립니다!"

"두 손 모아 예수님께 올려드립시다!"

"구원받은 분들은 큰 소리로 외치세요!"

회중은 예배 인도자의 신호에 반응하는 법을 배웠다. 인도자가 멘트로 버튼을 누르면 회중은 몇 초 동안 반응하다 다시 이전 수준의 수동적인 태도로 돌아간다. 열정적인 예배 인도자는 순종적인 회중이 6초간 무슨 일이든 하게 만들 수 있다.

예배 인도자가 회중이 예배하도록 버튼을 누르는 것은 남성성이나 여성성에 도전하는 것이 아니라 회중 안에 누군가는 적극적이고 누군가는 소극적인 다양한 성향에 도전하는 것이다. 이제 우리는 자신이 누구인지 깨달아야 한다.

> 그러므로 이르시기를 잠자는 자여 깨어서 죽은 자들 가운데서 일어나라 그리스도께서 너에게 비추이시리라 하셨느니라
>
> (엡 5:14)

우리는 유리 바다 위에 선 큰 무리다! 우리에게는 불의 강이 흐른다. 담대히 일어나서 주님께 계수함을 받자! 우리 스스로 하나님을 예배할 책임과 부담을 예배 인도자에게 떠넘기는 것은 완전히 불공평하고 잘못된 일이다. 예배 인도자 혼자서 우리가 예배하는 데 필요한 모든 것을 우리 마음에 넣고 불을 붙이는 것은 사실상 불가능하다. 예배 인도자는 회중의 마음을 새롭게 할 수 없으며 갈증을 채워줄 수도 없고 마음 문을 열고 영혼에 생기를 불어넣을 수도 없다. 예배 인도자의 역할은 회중에게 예배의 방향을 제시하고 질서 있게 하나로 모아 예배할 수 있도록 최상의 기회를 제공하는 것이다. 예배의 열쇠는 우리 각자의 마음 문에 달려 있으며, 열쇠의 유일한 주인은 생수의 강을 창조하신 예수 그리스도뿐이다(계 1:18). 우리는 예배 인도자에게서 예배의 감동을 받는 것이 아니라 하나님의 강에서 예배의 감동을 받는다.

## 우리에게 속했다

나 역시 큰 무리 중의 한 사람이다. 나도 여러분과 함께 강단 사역의 인도를 따라 최고의 천국 예배로 들어간다. 이제 나는 예배자의 한 사람으로서 여러분에게 질문하고 싶다. 왜 우리는 항상 노래가 끝나면 예배가 끝났다고 생각하는가? 불타는 예배자들은 종종 이렇게 생각한다.

"예배 인도자님, 당신은 강단에서 부를 노래를 다 끝냈을지 모르지만 나는 아직 아닙니다. 내 예배는 끝나지 않았어요. 내 영혼에는 불타는 강이 흐르고 내 마음에는 새로운 노래가 터져 나오고 있습니다. 당신의 옛 노래는 끝났지만 나는 멈출 수 없어요. 내 입에서 새 노래가 흘러나오는데 그냥 흘려보내야 하나요? 나는 예수님을 정말 사랑하기 때문에 마음에 감사와 찬양이 넘칩니다. 그리고 나만 그런 게 아니에요. 내 왼쪽의 불타오르는 친구도 멈출 수 없는 새 노래가 있어요. 내 오른쪽의 자매님도 불타오르고 있어요. 사실 우리 줄 전체가 지금 주님의 보좌 앞에서 불타고 있습니다. 통로 건너편 줄도, 뒷줄도 마찬가지예요. 여기 불이 났어요!"

큰 무리가 함께 모인 이유는 불이 붙기 위해서가 아니라 이미 불이 붙었기 때문이다. 우리는 예배하고 싶어서 모이는 것이 아니라 예배했기 때문에 모인다. 하지만 강단에서 "이제 자리에 앉으십시오"라고 말하는 순간 모두 자리에 앉는다. 도대체 왜 이러는 걸까? 누군가는 혼란한 마음으로 "밥 목사님, 지금 우리에게 불순종과 반역을 가르치시는 건가요?"라고 질문하고 싶을 것이다. 정확히 말하면 이것은 '거룩한 혁명'이다. 나는 하나님이 세우신 지도자들에게 반역하는 것에 절대 동의하지 않지만, 인도자의 고리타분한 노래 목록에는 이의를 제기해야 한다고 생각한다.

나는 많은 회중이 '예배자'가 아니라 강단에서 나오는 모든 지시의 '응답자'에 불과할 정도로 심각하게 소극적이고 수동적인 태도를 가진 것에 도전한다. 우리가 소극적인 사고방식과 수동적인 태도에 머물러 있는 한, 예배에서 하나님의 충만한 강이 우리 바로 옆을 지나가도 그저 헐떡이며 지켜볼 수밖에 없다.

　　나는 영적인 지도자들을 따라야 한다고 믿는다. 하지만 회중이 직선적인 예배 순서와 노래 목록을 따르기를 바라는 많은 지도자의 기대감이라는 무거운 멍에를 이제는 벗어 버려야 한다. 우리는 노래 목록이 아니라 하나님의 강을 원한다!

　　나는 확신한다. 회중이 자신을 강단 위의 예배 인도자가 버튼을 눌러 주기를 기다리는 사람들이 아니라 보좌 앞에 모인 큰 무리라는 정체성을 깨닫고 일어나서 거룩한 열정으로 불타오를 때, 인도자와 예배팀은 회중이 권위에 반역한다고 느끼지 않을 것이다. 적극적인 예배자가 되는 것과 반역자가 되는 것은 완전히 다른 이야기다. 바로 지금이 우리가 기도한 순간이다.

　　예배 인도자와 예배팀의 모든 헌신의 이유는 회중을 적극적인 예배자로 세우는 데 있다. 우리가 하나님의 보좌 앞에서 주도적인 예배자가 될 때 인도자들은 우리에게 은혜로 찾아오시는 하나님의 강력한 강물에 감격할 것이다.

　　우리는 일주일 내내 하나님의 보좌 앞에 살면서 주님의 영광을 바라본다. 우리가 이렇게 살면서 주일에 함께 모여 예배하면 마치 용광로를 일곱 배나 더 뜨겁게 달구는 것과 같다. 회중이 함께 예배할 때 내 불이 다른 사람의 불과 합쳐지고 그리스도의 얼굴을 향한 각자의 열정이 하나 되어 모든 회중에 퍼진다.

불타는 회중이 모인 예배에서 어떤 노래를 부르는지는 중요하지 않다. 빠르든 느리든, 높든 낮든, 옛 노래이든 새 노래이든, 소리가 크든 작든 상관이 없다. 왜냐하면 노래가 예배를 이끄는 것이 아니라 예배자의 내면에 흐르는 불타는 강이 예배를 이끌기 때문이다. 회중이 거룩한 열정으로 불타기 때문에 동요처럼 짧고 단순한 노래를 불러도 상관없다. 불타는 강 위에 선 열정의 예배자들은 더 이상 인도자가 버튼을 누르지 않아도 예배한다.

## 큰 무리의 음성

*1 또 내가 보니 보라 어린 양이 시온산에 섰고 그와 함께 십사만 사천이 서 있는데 그들의 이마에는 어린 양의 이름과 그 아버지의 이름을 쓴 것이 있더라 2 내가 하늘에서 나는 소리를 들으니 많은 물소리와도 같고 큰 우렛소리와도 같은데 내가 들은 소리는 거문고 타는 자들이 그 거문고를 타는 것 같더라 (계 14:1~2)*

요한은 하늘에서 "많은 물소리와 같으며 큰 우렛소리와도 같은" 큰 음성을 들었다. 이것은 누구의 음성인가? 하나님의 음성인가? 아니다. 하나님의 음성도 많은 물소리나 우렛소리처럼 들리지만, 이 본문에서 요한이 들은 음성은 십사만 사천의 음성, 큰 무리의 음성이다! 바로 우리의 목소리다!

큰 무리가 어린 양을 바라보자 도저히 참지 못하고 우레 같은 박수 소리처럼 음성이 터져 나왔다. 지금은 큰 무리가 자신의 목소리를 되찾을 때이다. 예수님의 교회가 주님의 이름으로 함께 모이면 그것이 바로 큰 무리이다. 우리에게 많은 물소리와 큰 우렛소리와 같은 음성이 있다. 이제 이 음성을 발휘해야 한다.

강단의 소리, 예를 들면 마이크나 스피커, 관악기와 드럼, 싱어의 소리도 꽤 강력하다. 하지만 회중은 예배팀에게 없는 소리가 있다. 회중은 많은 물소리와 우렛소리 같은 목소리가 있다. 회중은 이 놀라운 목소리를 사용해야 한다. 나는 마이크나 스피커 같은 강단의 소리와 회중의 소리를 비교 계산한 결과 회중의 소리가 강단의 소리를 압도할 수 있다고 결론 내렸다.

"예배팀 여러분, 당신의 예배가 끝났다면 예배를 마무리하세요. 하지만 전 아직 끝나지 않았고 제 친구들도 마찬가지입니다. 우리는 하나님의 열정으로 불타는 큰 무리이며 보혈로 우리를 구속하신 주님께 새 노래를 불러야 합니다."

큰 무리가 자기 소리를 내기 시작하면 강단도 그 기회를 놓치지 않을 것이다.

## 큰 전환

이제 이번 장의 결론으로 들어가자. 지금까지 나는 여러분에게 예배의 비전을 제시하려고 노력했다. 나는 이 책을 통해 우리가 어디로 가고 있는지 분명히 말하고 싶다. 회중 예배에는 우리가 아직 발견하지 못했지만 일단 그 안으로 들어가면 완전히 영광스러운 전환이 우리를 기다리고 있다. 마치 이 땅에서 천국을 조금 맛보는 것처럼 놀라운 예배의 전환이 우리를 기다린다.

사실상 거의 모든 예배 모임은 강단 사역이 인도자 역할을 하고 회중이 촉진자 역할을 하면서 시작한다. 이것은 적절하고 좋은 방법이다. 예배를 시작하려면 예배를 인도할 준비가 된 레위인을 세워야 한다. 이 훈련된 레위인들은 회중을 하나로 모으기 위해 옛 노래를 사용하며 하나님의 강에 도착하면 더 깊은 곳으로 들어가기 위해 새 노래를 사용한다.

하지만 거의 모든 회중 예배가 강단 위의 예배팀이 인도자 역할을 하면서 시작하고 회중은 참여자이자 촉진자 역할만 하다 끝이 난다. 이런 모임에서는 전환이 일어나지 않는다.

회중이 큰 무리의 정체성을 회복하고 밝히 드러내며 예배의 주인의식을 되찾아서 예배 참여자가 아니라 예배 주도자가 되는 거룩한 전환이 일어나야 한다. 우리는 이 거룩한 전환을 위해 치열하게 싸워야 한다. 큰 무리가 예배를 이끌기 시작하면 강단 위 예배팀은 회중이 이끄는 예배의 촉진자로 역할이 바뀐다.

이런 전환 일어날 때 천국에 속한 강력하고 거룩한 역동성이 회중 예배에 역사한다. 회중은 틀에 박힌 노래 목록에서 벗어나 하나님의 강으로 나아가고 하나님의 자녀들의 마음에서 새 노래가 일어난다. 큰 무리는 우렛소리 같은 음성을 되찾고 소리를 높이며 하나님의 보좌 앞에서 사랑하는 주님을 향해 열정적인 찬양을 부른다. 이때 예배 인도자는 큰 무리가 이끄는 예배가 추진력을 유지하도록 지원하고 돕는 촉진자가 된다.

하나님의 영광이 예배실을 가득 채우면 회중은 헤엄칠 만큼 깊은 하나님의 강에서 기적과 치유를 체험한다. 신약성경의 말씀처럼 예언의 영이 임하여 불신자의 마음을 드러내고 그들은 엎드려 얼굴을 땅에 대고 보좌에 앉으신 하나님을 경배할 것이다.

"오, 우리가 이 거룩한 영광을 미리 맛보기를 간절히 원합니다!"

# 11

# 어린양께 사로잡히다

## A LAMB FIXATION

앞에서 살펴본 요한계시록 14장의 다음 구절로 넘어가 보자.

그들이 보좌 앞과 네 생물과 장로들 앞에서 새 노래를 부르니
땅에서 속량함을 받은 십사만 사천 밖에는 능히 이 노래를 배
울 자가 없더라 *(계 14:3)*

성도들은 하나님의 보좌 앞에서 네 생물과 장로들이 배울 수
없는 새 노래를 불렀다. 나는 이 부분을 읽으면서 흥미를 느꼈
다. 왜 네 생물과 장로들은 성도들이 부르는 새 노래를 배울 수
없었을까? 네 생물과 장로들은 새 노래를 부를 수 있는 능력이
없었을까? 아니다. 요한계시록 5:8~9을 보면 네 생물과 장로들도
새 노래를 부른다. 그런데 유독 요한계시록 14:3의 새 노래는 배
울 수 없었다. 과연 왜 그런 것일까?

나는 이것이 참 이상하다고 생각했다. 회중에게 새 노래를 가르칠 때, 보통은 커다란 화면에 가사를 띄우고 건반으로 멜로디를 연주하면서 회중이 익숙할 때까지 몇 번이든 부르면 웬만해서는 다들 잘 따라 한다. 어린아이들도 몇 번만 부르면 익숙하게 새 노래를 따라 부른다. 그러나 성경은 분명히 말한다. "십사만 사천밖에는 능히 이 노래를 배울 자가 없더라". 그래서 나는 '왜 할 수 없는 것일까?'라고 질문해 보았다. 이 새 노래가 무엇이기에 십사만 사천밖에는 부를 수 없는 것일까?

안타깝게도 증명할 방법은 없지만 내가 여러분에게 줄 수 있는 최선의 답이 있다. 내 이론은 이렇다. 네 생물과 장로들이 요한계시록 14:3절의 새 노래를 부를 수 없는 이유는, 이 노래가 연습해서 부를 수 있는 노래가 아니기 때문이다.

한번 상상해 보자. 수십억 명의 신자가 보좌 주위의 불타는 유리 바다에 모여 그리스도의 얼굴을 바라보며 그 순간 타오르는 열정으로 함께 새 노래를 만든다. 수십억 명의 신자들이 몇 주간 연습한 것처럼 같은 가사, 같은 멜로디, 같은 화음, 같은 박자로 동시에 새 노래를 부른다.

새 노래를 부르는 신자들이 다음 가사와 멜로디를 알 방법은 단 한 가지, 하나님의 강에 있는 것 외에는 다른 방법이 없다. 구원받은 사람들의 강에 있지 않은 사람들은 그저 강 주변에 서서

눈앞에 펼쳐지는 광경을 놀라움으로 바라볼 뿐 새 노래에 동참하고 싶어도 부를 수 있는 능력이 없다. 왜냐하면 이 노래는 구원받은 하나님의 자녀들이 성령님의 불같은 강 한가운데 서 있을 때만 그 내면에서 흘러나오기 때문이다. 하나님의 강은 신부가 사랑하는 신랑에게 새 노래를 부를 힘을 준다.

## 오늘도 흐르는 하나님의 강

앞서 말한 것처럼 하나님의 강은 다가올 미래만을 위한 것이 아니다. 오늘날 우리도 하나님의 강을 경험할 수 있다.

예수 그리스도가 예루살렘에 입성하실 때 하나님의 강이 흘렀다. "제자의 온 무리가 자기들이 본 바 **모든 능한 일**로 인하여 기뻐하며 큰 소리로 하나님을 찬양하여"(눅 19:37) 다시 말하지만, 이 사건에는 예배 인도자가 없었으며 주님의 지극히 위대하심을 찬양하기 위해 모인 군중에게서 열렬한 찬양이 터져 나왔다. 비판자들은 눈살을 찌푸렸지만, 천국의 힘이 넘치는 축제의 물결을 막을 수 없었다. 군중은 하나님의 강을 찾았고 도시 전체가 들썩였다. 즐거운 소리를 아는 사람들은 복이 있도다!(시 89:15)

오순절 다락방에도 하나님의 강이 흘렀다(행 2). 하나님의 강이 120명의 제자를 휩쓸면서 불같은 강물 속에서 하나님을 찬양하도록 이끌었다. 조롱하는 사람들이 제자들을 비웃었지만, 하나님의 강을 막을 수 없었다. 베드로가 하나님의 강 위에서 말씀을 전하자, 예언의 영이 임했고 사람들의 마음에 숨은 비밀이 드러났으며 3천 명의 영혼이 물세례를 받고 하나님 나라로 들어왔다.

오늘날에도 여전히 하나님의 강이 흐른다. 에스겔이 본 성전에 흐르는 강이 바로 오늘날 흐르는 하나님의 강이다. 에스겔은 하나님의 강이 각 나라를 치유하고 하나님의 영광을 위해 '물고기'를 이끌어 풍성하게 추수하는 모습을 보았다. 하나님의 보좌에서 나오는 불의 강은 오늘도 여전히 흘러서 목마른 영혼, 갈급한 영혼, 간구하는 영혼에게 부어진다.


## 어린양

요한계시록 14장에 나오는 하나님의 강에 힘을 주고 활력을 불어넣는 것은 무엇인가? 본문의 구절로 다시 돌아가 보자.

1 또 내가 보니 보라 어린양이 시온산에 섰고 그와 함께 십사만 사천이 서 있는데 그들의 이마에는 어린양의 이름과 그 아버지의 이름을 쓴 것이 있더라 2 내가 하늘에서 나는 소리를 들으니 많은 물소리와도 같고 큰 우렛소리와도 같은데 내가 들은 소리는 거문고 타는 자들이 그 거문고를 타는 것 같더라 3 그들이 보좌 앞과 네 생물과 장로들 앞에서 새 노래를 부르

니 땅에서 속량함을 받은 십사만 사천 밖에는 능히 이 노래를 배울 자가 없더라 *(계 14:1~3)*

이 강의 근원은 하나님의 어린양께 있다. 구원받은 사람들이 어린양을 바라볼 때, 주님을 향한 사랑이 깨어나 불타오르고 하나님의 강이 구원받은 사람들의 마음을 사로잡은 결과 내면에서 새 노래가 터져 나온다. 어린양이 하나님의 강을 우리에게 주신다. 군병의 창에 찔려 상처 난 주님의 옆구리에서 흘러나온 물과 피처럼 주님의 사랑의 강이 우리 마음에 부어진다. 하나님의 어린양을 향한 사랑이 하나님의 강에 우리 마음을 연다. 우리는 하나님의 어린양 예수님을 더욱 사랑한다.

신부는 어린양께 사로잡힌 존재다. 신부의 눈에는 오직 어린양만 보인다. 신부가 함께하고 싶은 대상은 오직 어린양뿐이며 신부의 생각 속에는 어린양밖에 없다. 신부 된 교회는 어린양을 향한 완전한 상사병에 빠졌기 때문에 성경은 신부를 "어린양이 어디로 인도하든지 따라가는 자"(계 14:4)라고 말한다.

신부는 어린양이 어디를 가든지 따르며 결코 어린양과 떨어지지 않는 완벽한 추종자들이다. 그 무엇도 어린양과 신부를 떼어놓을 수 없다. 주님의 손과 발에 못이 박혔을 때 신부는 영원히, 그리고 완전히 주님의 소유가 되었다.

## 회중 예배의 비전 요약

회중 예배를 향한 우리 비전은 무엇인가? 다시 한번 마지막으로 요약해 보자. 이 예배는 단순한 희망 사항이 아니라 예수님이 다시 오시기 전에 이 땅 위에 반드시 일어날 예배다.

● 하나님의 자녀들은 사랑하는 구세주이시며 구원자이신 주님을 예배하기 위해 모인다. 예배 인도자는 에스겔 47장에 나온 하나님의 영광의 강을 찾아가도록 우리를 열정적으로 인도한다.

● 예배를 시작하면 예배 인도자들은 준비한 노래 목록을 길잡이로 삼지만, 우리는 성령님이 우리를 직접 인도하셔서 하나님의 강물과 함께 유연하게 흘러 하나님의 마음에 도착하기를 소망해야 한다. 경직된 수직적 예배는 하나님과의 만남을 위한 은총을 제쳐두고 노래 목록과 예배 순서에 더 집중한다.

● 회중이 발목에서 무릎, 허리 깊이로 이동하면서 유기적이고 살아있는 요소들이 결합하여 회중 예배는 그 자체로 고유한 정체성을 가진다. 신부와 신랑이 거룩한 사랑의 춤을 추며 서로 사랑을 교환할 때 예배의 융단이 나타난다.

● 아름다우신 하나님의 어린양을 바라볼 때 옛 노래는 신자들의 마음을 하나로 묶어 차원 높은 예배의 절정에 이르게 하고, 절정에서 새 노래가 터져 나오기 시작하면 회중을 더 깊고 신선한 하나님의 강물 속으로 밀어 넣는다.

● 새 노래가 터져 나오는 단계에서 강력한 전환이 일어나기 시작한다. 하나님의 성도들이 스스로 보좌 앞의 큰 무리라는 정체성에 확신을 품고 일어나서 많은 물소리와 큰 우레 같은 소리를 내며 적극적으로 예배를 주도하기 시작한다. 공동체적 상승효과가 회중을 이끌면 예배팀은 조력자 역할로 물러나고 회중이 예배의 주도자가 된다.

● 이제 회중은 우리가 능히 건널 수 없을 만큼 깊은 물, 깊어서 헤엄쳐야 하는 물, 치유의 나무가 있는 곳에 있다. 이곳에서 하나님의 영광이 치유와 기적과 죽은 사람을 살리는 초자연적인 역사로 나타난다.

● 네 번째 사람, 하나님의 아들 예수님이 불 속에서 나타나 회중이 하나님의 사랑의 용광로 안에서 자유롭게 예배를 표현하는 것을 방해하는 모든 장애물을 불태워 버리신다. 예배는 깊이 들어갈수록 더욱 깊어지고 뜨거워진다.

● 예언의 영이 역사하여 사람의 마음속 비밀을 드러낸다. 죄인들이 얼굴을 땅에 대고 엎드려 하나님께 영광 돌리며 "하나님이 이 사람들 가운데 거하신다!"라고 간증한다.

오 거룩하신 하나님의 어린양이시여, 우리를 영원한 생명수의 샘으로 인도하소서!

20 우리 가운데서 역사하시는 능력대로 우리가 구하거나 생각하는 모든 것에 더 넘치도록 능히 하실 이에게 21 교회 안에서와 그리스도 예수 안에서 영광이 대대로 영원무궁하기를 원하노라 아멘 (엡 3:20~21)

주님의 임재의 강으로 뛰어들라

# Following
## *The River*

**a vision for corporate worship**
회중 예배를 위한 비전

# 밥 소르기

밥 소르기 목사는 기름 부음 넘치는 예배인도자이며 손꼽히는 예배 세미나 강사이자 탁월한 피아노 연주가이다. 엘림 성경 학교와 로체스터에 있는 로버트 웨슬리안 칼리지를 졸업했으며 엘림 성경 학교의 음악 감독을 지냈고, 뉴욕 시온 펠로우십 교회에서 13년 동안 담임목사로 사역했다.

목회와 예배 사역에서 활발히 활동하던 1992년 5월의 어느 금요일, 밥은 사역을 마치고 집에 돌아오는 길에 목에 구슬이 걸린 것 같은 극심한 통증을 느낀다. 의사는 '후두 접촉성 육아종'이라는 진단을 내렸고, 이 낯선 이름의 병 때문에 성량의 대부분을 잃고 더 이상 예배 인도와 설교 사역이 불가능한, 삶의 기반이 모두 무너지는 경험을 한다. 밥 소르기 목사는 불같은 시련의 과정을 거친 후 하나님과 회중 앞에서 바울처럼 '고난 받은 것이 내게 유익이라'라는 속사람의 고백을 드림과 아울러 더 깊은 믿음의 차원으로 나아갈 수 있었다. 목소리를 잃고 20년이 흐르는 동안 계속해서 전 세계를 여행하며 약한 성대로 찬양과 말씀을 전하며, 성경을 깊이 묵상하고 연구하며 책을 쓰는 사역에 매진하였다.

부흥을 향한 열정과 예수님을 향한 개인적 친밀함을 전파하는 밥 소르기 목사의 책들은 예배사역자들에게 필독서로 꼽힌다. 저서로는 《찬양으로 가슴 벅찬 예배》, 《내 영이 마르지 않는 연습》, 《하나님의 불같은 사랑》, 《하나님의 징계》, 《예배의 다음 파도》 등이 있다. 밥과 아내 마시는 3명의 자녀와 6명의 손주와 함께 미주리주 캔자스시에 살면서 그리스도의 몸 된 교회에 소망을 나누기 위해 국내외를 여행하며 하나님의 말씀을 전하고 있다.

YouTube. com/bobsorge

인스타그램: bob. sorge

사이트: www. oasishouse. com

블로그: bobsorge. com

트위터: twitter. com/BOBSORGE

페이스북: facebook. com/BobSorgeMinistry

# 밥 소르기 출간 도서

《하나님의 불같은 사랑》 벧엘북스

《잊혀진 교리, 하나님의 징계》 벧엘북스

《예배의 다음 파도》 벧엘북스

《주님의 임재의 강으로 뛰어들라》 벧엘북스

《눈의 언약》 샬롬서원

《시기심》 샬롬서원

《THE CROSS 십자가》 샬롬서원

《칭찬의 유혹》 샬롬서원

《욥기》 샬롬서원

《찬양으로 가슴 벅찬 예배》 두란노

《돌파하는 믿음》 스텝스톤

《영광》 예영커뮤니케이션

《불굴의 기도》 예수전도단

《내 영이 마르지 않는 연습》 예수전도단

《기도 응답의 지연이 주는 축복》 은혜 출판사

《부부 문제로 꼼짝 못 하는 사람들에게》 규장

《기도하고 싶은데 기도를 어떻게 시작해야 할지 모를 때》 규장

## 승리의 종말론 / 값 16,000원

주님의 몸 된 교회는 계속해서 주님의 영광을 향해 성장하며
더욱 더 연합되어 이전에 보지 못한 하나님의 권능을 나타내고,
사탄은 결단코 이 세상을 장악하지 못할 것이다.
우리 주 예수 그리스도께서 만주의 주, 만왕의 왕으로서
모든 대적을 그 발아래 굴복시키실 것이다!

## 하나님의 불같은 사랑 / 값 13,500원

이 책은 저자의 베스트셀러 <기도 응답의 지연이 주는 축복> 의
후속편으로, 하나님께서 사랑하는 교회에 어떻게 역사하시는지
알려준다. 하나님의 불같은 사랑을 경험하고, 성경에서 가장 영광
스러운 주제인 "하나님의 사랑"을 깊이 묵상하라.

## 다윗의 세대 / 값 10,000원

다윗의 세대는 마지막 때에 성령님께서 기름부으신 예배자요
영적 용사의 세대이며 여호수아 세대가 시작한 하나님의 일을
완성하는 세대이다. 저자는 8개의 주제를 통해 다윗의 세대의
특징을 효과적으로 설명한다.

## 예언적 예배의 능력 / 값 9,000원

하나님 앞에 예언적 예배로 나아가려면 성령님과 친밀한 관계를
유지해야 하며, 성령님은 모든 예배마다 독특한 흐름으로 우리를
인도하신다. 성령님의 인도하심과 지휘를 따라갈 때 우리 삶에
하나님의 임재를 통한 성장과 성숙의 축복이 임한다.

## 지성소 / 값 10,000원

성령님께서 지금 이 시간 그리스도의 거룩한 신부들이 지성소로 들어가도록 부르신다. 하나님께서 가장 높고 은밀한 지성소에서 천국의 사명과 계시, 하나님의 뜻과 거룩한 부르심을 주시고, 이것을 성취할 수 있는 권능을 주신다!

## 중보적 예배 / 값 13,500원

우리가 예배와 중보기도를 음악과 하나로 모을 때, 이 땅 위에 하나님의 계획과 목적이 더 충만하게 나타날 것이다. 이 책은 깊은 예배와 강력한 기도와 탁월한 음악의 능력이 함께 어우러지도록 돕는다.

## 참된 예배자의 마음 / 값 8,500원

이 책의 저자 켄트 헨리는 지난 40년간 예배를 인도하고 예배자를 훈련하는 일에 헌신해왔다. 이 책을 통해 참된 예배자의 마음을 더 깊이알고 살아가게 될 것이다.

## 하나님의 임재를 갈망하는 예배자 / 값 10,000원

샘 힌 목사는 어떻게 예배를 통해 하나님의 임재 안으로 들어갈 수 있는지 친절하게 알려 준다. 예배 가운데 주님게 초점을 맞추고 하나님의 영광과 은혜로 자기 자신을 보기 시작할 때, 당신은 가장 놀라운 변화를 경험하게 될 것이다.

**주님의 임재의 강으로 뛰어들라: 회중 예배를 위한 비전**

지 은 이 : 밥 소르기
옮 긴 이 : 벧엘북스 편집부
표    지 : 조종민

펴 낸 이 : 한성진
펴 낸 날 : 2023년 12월 4일
펴 낸 곳 : 벧엘북스 BETHEL BOOKS
등    록 : 2008년 3월 19일 제25100-2008-000011호
주    소 : 서울시 강남구 봉은사로71길 31 한나빌딩 지층

웹사이트 : www.facebook.com/BBOOKS2 또는 벧엘북스로 검색
도서문의 : 070-8623-4969, 010-9897-4969
총    판 : 비전북 031-907-3927
I S B N : 978-89-94642-41-3(03230)

FOLLOWING THE RIVER